対話力

人生を変える聞き方・話し方

阿川佐和子・齋藤 孝

SB新書
604

まえがき――齋藤孝

対話力を磨いて人生を盛り上げる

「会話」と「対話」は、同じような意味で使われることがあります。

でも、私は、対話は会話よりもクリエイティブなものだと思っています。対話とは英語で「ダイアローグ」というように、弁証法《べんしょうほう》的に発展するものだという思いが私の中にはあります。


プラトンがソクラテスの言動について記したとされる「対話篇」と呼ばれる一連の作品がありますが、私はそれを対話の原型のようなものとしてとらえています。

あるテーマについてソクラテスが誰かに質問します。質問された相手は自分が思うことを答えます。すると、その答えを踏まえてソクラテスが再び質問をする。それに対して、また相手が答える。そうした応答を積み重ねていくうちに、やがて「気づき」が訪れます。

たとえば、「自分は正義についてわかっているつもりでいたが、もしかしたらわかっていなかったかもしれない」という気づきが生まれた瞬間、そこに新しい地平が開けてきます。
そういう知的な快感を伴うものが対話であると、私はずっと思ってきました。

対話について抱いてきたもう一つのイメージは、対話は球技のようなチームスポーツに似ているというものです。会議やミーティングなどで対話が行われますが、それはその場に参加している人が同じチームのメンバーとして協力し合いながら、ゴールを決めるスポーツのようなものです。そのときに求められるのが、一般的な会話力や雑談力よりもワンランク上に位置づけられる「対話力」です。

子どもではなく大人が、対話によって新しい意見やアイデアを生み出そうと思えば、単に言いたいことを言い合うだけでは足りません。

それでは、その場の空気が殺伐としたものになったり、人間関係がギクシャクしたりする危険性があります。

やはり大人であるからには、人間の感情面にも気を配りながら、その場が温まるような議論の進め方をすることが求められます。

そのためにはさまざまな方法が考えられますが、その一つとしてこの本では、「〜と言えば」方式を提案しています。この「〜」に入るのは、相手が話した言葉の中にある自分の話したいことにつながるような言葉です。その言葉を探し出し、それを足がかりにして自分の話を展開するのが、「〜と言えば」方式です。

この方式を用いれば、結果的に相手の話を否定することになっても、相手に対して失礼にはなりませんし、しかも自分の言いたいことを言うことができます。この本では、これを対話の基本形に据えています。どんなスポーツにも基本的な技術がありますが、この「〜と言えば」方式は、磨けば磨くほど対話が上手になる基本技です。

今回、「対話力」をテーマにして、阿川佐和子さんと一緒に本を作ることになりました。ご存じのように、阿川さんはエッセイストや週刊誌などでのインタビュアーとしての輝かしい実績に加え、テレビのMCとしても個性的なゲストを相手に実に手際よく番組を回していらっしゃいます。誰が見ても、対話のプロ中のプロです。

この機会に、阿川さんとお話ししながら、対話力とは何か、対話力を向上させるにはどのような考え方や練習をすればいいのか、なるべく具体的に提示したいと考えました。

お読みいただければ、これまで自分は本当の意味での対話をあまりしたことがなかったかもしれない、あるいは最近のＳＮＳ中心の生活の中で、対話をする時間すら持てていないのではないかと感じる方もいらっしゃると思います。


かつて坂口安吾は、「恋愛は、人生の花であります。」と言いました。私は、「対話は、人生の花」だと思っています。仲間や友人との尽きせぬ対話こそが、人生の喜びです。

今後、オンラインなどの普及によって、顔と顔を突き合わせてのリアルな対話が減っていく状況になると、人生の喜びが薄れていく懸念があります。

対話だからこそ得られる喜びがあります。今は一人でも過ごせる社会になりましたが、対話こそが人生の貴重な祝祭的時間です。

祝祭に欠かせないのは、盛り上がりです。盛り上がりがあってこその対話です。

是非、対話力を磨いて、人生を盛り上げていってほしいと思います。

目次

II章　対話を深める

III章　対話を磨く

本書は、話者ごとに表記統一を行い、全体での統一をしていません。

序章

対話をめぐって

「対話が苦手」では済まされない

「人見知りだから話ができない」のか？　――阿川

若い人たちの中には、「人と話すことが苦手」だと言う人が少なくありません。その理由を聞くと、「人見知りだから話せない」、「恥ずかしがり屋だから話せない」とか。でも本当にそうなのかしらと疑問に思うことがあります。人見知りや恥ずかしがり屋という言葉を一つの武器として使っているように感じられるからです。

そう宣言しておけば、対話の場で黙っていても、「この人は人見知りだからしょうがない」と周囲が許してくれるのではないかという甘えの気持はないでしょうか。一見、奥ゆかしく思われますが、要するに自分ができるだけ発言しないで済むよう防御しているように見えてしまいます。

私も本質的には人見知りな性格です。これだけたくさんの人にインタビューをして今さらなにを言うんじゃと笑われるかもしれませんけれど、本当は見知らぬ人の前でひどく緊張するタチです。だからつい、照れの裏返しで喋りすぎてしまうことが多い。でも、いつまでも「恥ずかしい……」とカワイコぶって黙っていたら仕事にならないから、インタビューをするときは毎回、自分を鼓舞して照れを克服しながら今に至ります。

私のようにインタビューを生業としていない人でも、大人になり社会に出て、あるいは学校であろうと他人と交流しなければ生きていけないでしょう。黙っているだけでお給料をもらえたり友達ができたりするならそんな楽なことはないでしょうが、社会はそれを許してくれません。親に付き添ってもらえる年齢を過ぎ、一人で社会へ出ていくとなれば、いつまでも人見知りや恥ずかしがり屋を言い訳にして他人に甘えているわけにはいかないのです。

そんなことを言われても、苦手なことはできないもん！　無理無理無理無理！　そう叫ぶ人の声が聞こえてきます。でも、もし自分が「できない、できない」と主張し続ければ、そのしわ寄せは必ず誰か他の人に回って、その人が負担しなければならなくなります。

我が家は父が子どもに厳しかったので、「やれ！」と言われて「無理です」と口答えすることは許されませんでした。「母さんの手伝いをしてご飯の支度をしなさい！」「庭の柿の木から柿を取ってきなさい」、ときには「学校を休んで俺の仕事の手伝いをしなさい」と言われたこともあります。それはさすがに「できない」と拒否したら、「お前は熱があったら学校を休むだろう。熱が出たと思って休みなさい」と言われました。無茶苦茶ですよね。

ゴキブリが出たら我が家では母か私が始末をしなければいけなかったし、引っ越しの荷造りや重い物を運ぶのも、概して女の仕事とみなされました。でも私が「嫌だ！」と言ったら母が一人でしなければならなくなるので、嫌でも手伝わざるを得ない。そんなことを繰り返すうち、いつしか開き直る力がつきました。ようし、やってやろうじゃないかってね。

もちろん、やってもできないことはあります。やってみた結果、自分に向いていないと思うこともあります。でもやる前から「無理」と言い張ってやらないのは、単なる甘えや逃げだと思われてもしかたがないのではないでしょうか。

限界を決めずに、とりあえずやってみる——齋藤

阿川さんがおっしゃるように、やってもいないのに初めから「できない」と予防線を張って逃げていては、いつまでも対話に対する苦手意識を払拭《ふっしょく》できません。たとえ苦手でも、勇気を出してとりあえずやってみることです。それでダメならしょうがありません。

「今、女《なんじ》は画《かぎ》れり」という言葉が、『論語』にあります。孔子から教えを受けている弟子が、

「先生の言うことは理想的で素晴らしいのですが、私にはこれが限界です」と言ったのに対して、孔子が返した言葉です。「画る」というのは、自分で線を引いて限界を決めることです。「お前はまだやってもいないのに、自分でできないと限界を決めているじゃないか。それではいかん」と、その弟子を厳しく戒めたわけです。

私もテレビの番組でいきなり歌を歌えとか、漫才をやれとか、無茶ぶりされることがありますが、すでにカメラが回っているので断れる状況ではありません。できる、できないではなく、やるしかありません。

一度、私の授業で英語の教員志望の学生たちに、コウメ太夫さんの「チャンチャカチャンチャン、チャチャンカチャンチャン」のネタを英語でやってくれと言ったら、動揺しながらもみんながチャレンジしてくれました。次の授業で感想を聞いたら、「あれをやったら、もう何も怖くなくなりました。あれからいろいろなことが楽になりました」という答えが返ってきました。がんばって一線を越えると、少なくとも「できない」「無理」と初めから諦めることがなくなってくるのではないでしょうか？

失敗したくないという気持が強すぎる

阿川　たしかに「失敗したくない」「恥をかきたくない」「傷つきたくない」気持はわからないわけではない。でも、そんなに失敗が怖いのでしょうか。もちろん失敗したら悲しいし、親や上司から叱られるのは嫌だし、何より自分が落ち込みます。でも失敗してしばらく経つと、あそこで失敗しておいてよかったと思うことはたくさんありますよね。火山と同じで、大噴火を起こす前に、小さい噴火……というか小さな失敗をちょこちょこ繰り返しておくと、大失敗をしないで済むような気がするのです。

齋藤先生は大学で若い人たちと接する機会が多いと思いますが、失敗や傷つくことを極度に怖がっている若い人はやっぱり多いですか？

昔から人前で話すことが苦手だった日本人

齋藤　たしかに、そうですね。こちらが思う以上に、今の若い人たちはシャイなのだと感じます。対話を含めてですが、特に人と人の接触において、かなり遠慮しているところがあります。図々しく話しかけたりすることを恥ずかしいと思う気持ちが強いと思います。

そうした傾向の一端を示すデータがあります。二〇二二年六月に内閣府が発表した『令和四年版男女共同参画白書』によると、二十代独身男性の四十パーセントがデートをしたことがないのだそうです。一概には言えませんが、これだけマッチングアプリやＳＮＳが普及しているにもかかわらず、こうしたデータがあるということは、おそらくデートで失敗したくない、それによって傷つきたくないという人が多いのでしょう。

でも、これは今の若い人に限ったことではなく、戦前でも、日本人は自分が知らない人に対して苦手意識があるという記録が残されています。とりわけ正式な場での演説やスピーチが不得意なのですが、それではいけないと、福沢諭吉は慶應義塾の中に演説やスピーチの実地訓練をする三田演説館というものを造りました。そもそも英語の「スピーチ」に「演説」という訳語を与えたのも福沢諭吉だとされています。

日本人は人前で話すことが苦手ですが、少なくとも福沢諭吉は、それを克服しようとしていました。現代ではプレゼンテーションの機会も増えたので、一層人前で話す力は重要です。

「対話力」が求められる時代に

対話でクライアントの要望をつかむ ―― 齋藤

たとえばお医者さんなども、コミュニケーション力が相当、重視されるようになってきました。お医者さんと言えば、かつては偉い存在で、多少横柄《おうへい》であってもそれなりに権威がありました。ところが最近は医療もサービス産業的な要素が強くなり、「インフォームドコンセント」という言葉に象徴されるように、患者さんに対する説明が丁寧でなかったり、不愛想であったりすると、その病院の評判がたちまち悪くなってしまいます。

お医者さんや看護師さん、あるいは弁護士さんなどもそうですが、患者さんや相談者は基本的に「クライアント」と呼ばれる存在です。もっと一般化して、どんな仕事もクライアントがいて成立していると言えるかもしれません。そのクライアントの要望に応えることが仕事であり、そのためには対話を積み重ねることが必要不可欠です。

以前、デザイナーの佐藤可士和さんと対談する機会がありました。佐藤さんは企業のロゴを作ったり、製品のデザインをしたりしていらっしゃいますが、仕事を依頼されたときは、とにかく最初にクライアントの話をひたすら聞くことに努めるそうです。そうした対話を通じてクライアントが何を求めているかをしっかり把握したうえで、アイデアやプランを提案するということでした。

なぜ、それほど対話や聞き取りを重視するようになったのかと言えば、かつて自分がいいと思うものを提案したところ、それはまったく違うと言われたことがあったからだそうです。自分ではこれがいいと思っても、クライアントが違うと言えばそれまでです。その提案は、無駄になってしまいます。そこで、まずはクライアントとじっくり対話を重ねることで、相手の要望をしっかり聞き出すことにしたということでした。

クライアントの側も、自分たちの望むことが必ずしも明確になっているとは限りません。外部のデザイナーやクリエイターなどと対話を積み重ねることで、それがはっきりしたものになってくるということもありますよね？

医療関係者もコミュニケーションに悩んでいる ―――― **阿川**

どの世界で仕事をしても、結局、相対する相手の話を上手に聞き取らないとコトはうまく運ばないんですね。

『聞く力』を出版したあと、講演の仕事が急に増えましして。その中には看護師会とか医師会とか医療関係の団体からの依頼も多くありました。そのときの依頼の内容がだいたい決まっていて、たとえば、「私ども医療従事者は医学的な知識や技術もさることながら、まずは患者さんのお話をきちんと聞くことができなければ仕事になりません。そこで是非、阿川さんに聞く力に関する講演をお願いします」というものでした。他にも弁護士会とか会社の営業部の会合からとか、いろいろな分野からご依頼をいただきました。あのときは、そんなに皆さん、聞くことで苦労していらっしゃるのかと私のほうが驚きました。

ほとんどの人は対話の練習をしたことがない——齋藤

コミュニケーションの悩みは本当に多いですね。対話に関する問題の多くは、きちんとしたキャッチボールになっているかどうかが根本にあります。自分が一方的に話すだけで、相手が話すことを聞いて対話を発展させることができない人がいます。あるいは人の話を聞いているだけで、自分からはほとんど話そうとしない人もいます。もし、これがデートの場だったとしたら、まったく対話がかみ合わずに終わってしまいます。とりあえず相手の話を聞いて、自分の話につなげることが礼儀上でもできれば、少なくともその場の対話は和やかに進んでいきます。

対話というのは、卓球やテニスなどと似ています。卓球をやったことがない人に、いきなりラリーをしろと言ってもできません。ラリーをするためには、最低限の技術を身につける必要があります。対話も同じで、基本的なことを学んだり、練習したりしていないと、すぐにはうまくいきません。誰でも対話やコミュニケーションはできると思っているかもしれませんが、やはり基本的なことを学んでいないと、なかなかスムーズにはいかないものです。

たとえて言えば、ほとんどの人は「コミュニケーション部」に入ったことがないということです。もしコミュニケーション部という部活動があったら、自分一人だけ長く話しすぎないとか、人の話を聞いて次の展開につなげるとか、そうしたことは最初に練習することだと思います。

授業では、学生に十五秒で自分の話をまとめるということをやらせていますが、これは「要約力」をつけるための練習の一環です。おそらくほとんどの人は、そうした練習をしたことがないと思います。

でも、そうしたトレーニングを積み重ねることで、それほど話す才能に恵まれていない人でも、ある程度の対話ができるようになります。まずはそうした練習をしてみるのが有効です。

対話力向上にはトレーニングが必要

対話以外のことに時間もエネルギーも取られている――齋藤

私は中学生の頃から大学院を卒業する三十歳近くまで、ほぼ毎日、対話のトレーニングを続けてきました。相手は、中学校のときの同級生です。大学生のときも彼とは同じ町内に住んでいたので、ほとんど毎日会っては、長い日には一日、三時間も四時間も対話していました。

毎日、それほど話すことがあるのかと疑問に思われるかもしれませんが、話そうと思えば、話すことは無限にあります。お互いに知的な向上心があったので、それを満たすためのトレーニングとして対話を続けました。

卓球もなんとなくやっているだけでは、十年経ってもさほど技術は向上しません。本気でうまくなりたいと思ったら、やはり卓球クラブなどに入って徹底的にトレーニングする必要があります。それと同じことで、対話力を向上させようと思ったらそれなりにトレーニングしなければなりません。

このように対話のトレーニングには労力が必要ですが、今はSNSやLINEなどに気を取られるあまり、トレーニングのためのエネルギーが漏電しているように感じます。LINEなどでのやりとりで一日が終わってしまい、人と対話するための余力も気力も残されていません。そのうちの一時間でも二時間でもいいので、何かテーマを決めて、誰か向上心のある人との対話に充ててみてはどうでしょうか。それが対話力向上のためのいいトレーニングになるはずです。

自分とは異なる世界の人と対話する――阿川

対話力向上のためのトレーニングの一つに、どういう人と出会ったり付き合ったりして対話をするかということも大事な要素だと思います。同じ学校の出身者や気の合う人とばかり付き合う人がときどきいます。それはそれで居心地がいいとは思いますが、それだけでは対話の内容が広がりにくい。いつも決まった心地よい話ばかりの繰り返しになって、思いもよらぬ発想や気づきは生まれにくいと思われます。

私はインタビューの仕事をしている関係で、幸いなことにさまざまな職業の人たちと会うチャンスに恵まれています。自分とはまったく異なる世界で生きている人の話を聞くと驚くことがたくさんあります。職種だけでなく、生まれた環境や生い立ちや、考え方も異なる人と対話をすると、自分がいかに狭い世界で生きているかを思い知らされます。そして、対話する内容もおのずと広がっていく気がするのですが、これは対話力の向上に繋がりますか？

気づきや発見があるのが対話である ―― 齋藤

自分とは異なる世界の人との対話は刺激になりますよね。対話力を向上させようと思ったら、やはり対話力に優れた人と実際に対話する機会を多く持つことが近道だと思います。私はテニスや格闘技などのスポーツをやっていましたが、自分よりうまい人、強い人と一緒にやるだけで、自分も上達するということを経験的に知っています。

ほとんどの人はスポーツを練習するようには、対話の練習をしていないと思います。それは対話をきちんと学んだことがないということです。大学入学当初、多くの学生は最初、対話というものがどういうものかわからない状態にあります。そこでまず、対話とは何かを生み出すこと、新しい意味や価値を生成することだと教えます。

そのためには自分が話すだけではダメなのであり、お互いが話し合うことでクリエイティブな関係性を構築する必要があります。そこで欠かせないのは、テキストを共有するということです。ここで言うテキストとは教科書のことではなく、語る対象となる素材です。それをお互いに共有していなければ、そもそも対話にはなりません。

テキストを共有したうえで対話を続けることで、そこに気づきや発見が生まれます。この気づきや発見があるものが対話です。知っている情報を教え合うような情報交換も有意義ですが、それでは対話とは呼べません。それを通じて知的な発見や気づきがあるもの、それこそが対話と呼ぶにふさわしいものですね。

I章

対話を始める

1 受け手がいなければ対話は成立しない

太陽も照らす相手がいなければ幸福ではない ― 齋藤

学生を相手に授業をすることは、私にとっては楽しみのような側面もあります。ですから春休みや夏休みなどの長い休暇があると、かえって調子が悪くなってきます。というのも、話をしたいのに話す相手がいないからです。私は月曜日の午前中に授業を入れていますが、これは週末の間にたまった学生たちに伝えたいことを少しでも早く話したいからです。

かのニーチェは『ツァラトゥストラかく語りき』の冒頭で、「太陽も照らす相手がいなければ幸福ではない」と書いています。また、あまりにも多くの蜜を集めたミツバチのように自分の中には知恵がぎっしりと蓄えられているが、それを贈り、分け与えるためには、それを求める多くの手が必要だと、ツァラトゥストラは語っています。つまり、自分の知恵を受け止めてくれる相手が必要だということです。

対話や会話といったものも、受け手がいなければ成立しません。受け手がいて、こちらが話したことを面白く受け止めてくれるから、気持ちよく話すことができます。逆に、受け手の反応がよくないと、話すほうも面白くありませんよね？

人の話を聞くことで発見の喜びがある ――― 阿川

『聞く力』という本を書いたせいか、どうも私は人の話を聞くことが得意だと思われがちですが、本当のところ、決して得意ではないです。むしろ放っておくと喋りまくる性格なので、仕事で人の話を聞くときは、できるだけ自分が喋りすぎないよう気をつけるのに苦労するぐらいです。実際、長時間、黙って静かに人の話を聞くには労力を要します。ちょっとでも気を抜くと、他のことを考えてしまったり、つい聞き漏らしたりすることもある。相手の話がちっとも頭に入ってこなかったり、面白くないと思ったりすることさえあります。

それでも人に話を聞くのは、相手の話を聞いているうちに、心の奥底にしまっておいた記憶が突然蘇ったり刺激されたり、新たな発見があったりするからでしょう。一人で考えているだけではとうてい気づくことのなかったものが見えてくることもあります。自分の考えていることや悩んでいることとの共通点を見出して、元気が出る場合もあるでしょう。

もっとも厳密に言えば、いくら似ていると思ったり共感したりしても、他人とまったく同じ経験をすることは不可能です。完全に心を一致させることはできない。

ときどき、相手の話を聞いていて、「わかるわかる！」と叫びたくなることはあります。でもなるべくその言葉は発しないように気をつけています。なぜなら、相手の気持をそう簡単に理解できるわけはないと思うからです。

相手が深く苦しんでいるときに、「あなたの気持はよくわかります」と安易に言ってしまったら、たとえそれが相手をなぐさめるための誠意を込めた言葉のつもりでも、その人は「そんなに簡単に私の気持がわかるわけがない」と思うかもしれません。だから私は「わかるわかる！」という代わりに、その人の話してくれた内容や思いと似通った自分自身の経験がなかったか、頭の抽斗《ひきだし》を引っかき回して探し出し、できるだけ相手の気持に近づけるよう、手立てを探します。

たとえば「夫を亡くして数年間は何をするのも億劫《おっくう》になり、生きる気力がなくなりました」と話してくださる女性に対し、夫を亡くした経験のない私が「わかります、わかります」と言うのはおこがましい気がします。でも、夫を亡くしたことはないけれど、大好きだった男友達が死んでしまったときは本当に落ち込んだ。寂しくて寂しくて溜め息ばかりついていた。男友達でもこんなに悲しかったのだから、最愛のご主人を亡くした人はさぞや苦しかっただろうと想像することはできます。そして、どうやって今のように元気を取り戻すことができたのか気になります。自分だったら仕事を辞めてしまうかもしれない。家に引きこもって寝てばかりいるかもしれない。この方はどうなさったのだろうかと、自分の気持に重ね合わせて心に寄り添うことができるかもしれません。相手とまったく同じ思いになることは不可能でも、相手の話を聞くことで似通った思いに近づくことはできる。これが人に話を聞くことの大事な要素の一つだとも思います。

自分と何かを結びつける引用力 ―― 齋藤

「共感」は大切ですよね。加えて、自分の中に何か「触発」されるものがあると面白いですね。「触発する」は英語で「インスパイア」と言いますが、インスパイアされて出てきたものが「インスピレーション」です。「インスパイアされる」は「霊感を吹き込まれる」というのが本来の意味です。人との対話によってインスパイアされることで自分の中に何らかの気づきが生まれたら、人の話を聞くという受動的な行為ではあっても、刺激されて何かが生まれれば、それは極めて能動的な行為だと言えます。

授業の一環として、何かを読んで、自分の中の引き出しから似たような経験を取り出すという練習を学生にやってもらうことがあります。たとえば『論語』を読んで、その中から気に入ったフレーズを十個選んでもらい、その十個に対して、自分のこれまでの経験の中から似たようなエピソードを思い出して話してもらいます。

仮にそれが「義を見て為《せ》ざるは勇なきなり」というフレーズであったら、部活のときに仲間外れにされた友達がいたが、それに対して自分は何もできなかったというふうに、必ず自分の経験とセットにして『論語』の一節を覚えてもらうようにしています。

こういう練習を積んでおくと、たとえば「座右《ざゆう》の銘《めい》は何ですか？」と聞かれたときに、ただ知っている言葉を答えるのではなく、エピソードをつけて話すことによって相手により興味を持ってもらえます。

私は、それを「引用力」と呼んでいます。何かを引用しながら話す力のことです。古典的な書物の引用を自分の経験とセットで話すことができると、教養が自分のものになっていることになります。このように自分と何かを結びつける練習を普段からしておくと引用力がつき、実際の対話の場面でも大いに役立ちます。

2　よい対話は目で話す、目で聞く

目によるコミュニケーションが大事

阿川

人は夢中になって話しているときに、手の動きや姿勢、目つきなど、身体的な癖が出てくることがあります。真剣に話しながら手旗信号のように手が上下に激しく動く様子を見ているうちに、思わずプッと吹き出してしまうこともありますよね。でも、それも表現方法のうちですから。どれほど自分の話を聞いてほしいかというその人の熱意がおのずと伝わってきます。

対話は、物理的には「口」と「耳」を使ってするものですが、それと同じぐらい重要になるのが「目」だと思います。言葉数は少なくても、「目」を見れば、面白がっているか、あるいは迷惑がっているか、肯定しているか否定しているか、だいたいわかるものです。目がしきりにキョロキョロしたり、あるいは逆に動かすまいと精一杯の力を振り絞って視線を固定したりしている人を見たら、「あ、この人は嘘をついているな」と思うこともある。「目は口ほどに物を言う」とはまさにこういうことかと合点します。

対談中、ちっとも目を合わせてくれない人もたまにいます。きっと本人はそのことに気づいていないと思いますが、そういう人はそれこそ人見知りで視線を合わせることが苦手なのかもしれません。あるいは確固たる意志で、「コイツとは目を合わせたくない」と意固地になっているのかもしれません。でも、そういう人と話をするときは、その意図を汲んでこちらも話を進める必要が出てきます。

テレビ番組で司会をしていると、出演者の中に、私と目を合わせたそうに首を少し前に出す方がいます。「ああ、発言したいんだな」と受け止めて、私も「目」で、「了解しました。では次に振りますね」と合図を返すこともあります。言葉だけでなく、目によるコミュニケーションも案外、大事です。

とはいえ、概して日本人は相手の顔をじっと見つめて話すことに苦手意識を持っている人が多いように思います。でも、まったく視線が合わないまま話をしていると、なんとなく寂しい気分になって対話もあまり弾まなくなります。恋人同士ほど熱を込めて見つめ合わなくてもいいけれど、話をするときや話を聞くときは、できるだけ相手の目……、とまではいかずとも、せめて顔を見るようにしたほうが、相手は安心して心を開くものだと思います。もちろん自分の心も明るくなって話しやすく、聞きやすくなるでしょうね。

しっかり自分に視線を向けてもらうと、ああ、私のことをちゃんと認めてくれているんだ、私の話に興味を持ってくれているんだと安心するものです。

話は逸れますが、宝塚歌劇団のスターは、客席に座るお客様の一人ひとりと目を合わせるよう舞台の隅々に視線を送ることを教育されていると聞きます。実際、私も客席に座っていたときに、「もしかして私のことを特別に気にかけてくれているのかしら」と思い違いをするほどキラキラした瞳で見つめられたことがあります。一緒に行った友達にそのことを話したところ、全員、言っていました。「あら、あの主役の人、間違いなく私のことを見つめてくれたわ！」って。誰もが「私に特別の視線を送ってくれた」と思い込んでしまう。あれは素晴らしい目力ですね。

宝塚トップスターのアイコンタクト——齋藤

本当にそんな気になります。私も何回か宝塚歌劇は観ていますが、たしかに舞台上の出演者と自分の目が合ったという気になる瞬間があります。元雪組のトップスターだった水《みず》夏希《なつき》さんと対談する機会があったので、そのことについて聞くと、やはりあれは意識的にやっているそうです。

しかも、ぼんやりと見るのではなく、自分の体から何百本、何千本という綱が出ていて、それがお客さん一人ひとりとつながっていて、自分がその綱を右へ向けたら、お客さんがそちらにダーッと流れ、左に向けたらそちらにダーッと流れるようなイメージだとおっしゃっていました。宝塚歌劇団のスターの皆さんは一人のお客さんも逃さないように、全員がそれを意識してやっているということでした。

授業でも、アイコンタクトをしながら話す練習を取り入れています。四人一組になって、話し手の一人が並んで座っている三人の聞き手に話をするのですが、傾向としては三人の中の真ん中の人ばかりを見て、右側と左側の人を見て話すことがほとんどありません。すると、最初のうちは左右の人も話し手の話を真剣に聞いているのですが、アイコンタクトをしてくれないので、だんだんと聞く気がなくなってしまいます。それを防ぐために、扇風機の首振りの要領で右と左の人にも体を向けて、きちんとアイコンタクトをしながら話す練習をしてもらいます。

大学生が教師役になる模擬授業で、生徒役の顔を二秒ずつ見るような練習をしてもらいます。現実の授業で生徒は先生のほうを見ているのに、先生が生徒のほうを見なかったら、生徒たちは寂しく感じてしまいます。二秒程度なら、一人ずつ何度も見ることができます。

授業や講演では、聞いていなさそうな人、関心の薄そうな人に意識的に視線を向けるようにしています。その人が伏せていた目をたまに上げると、私が見ています。次に目を伏せて上げても、また私が見ています。そうやって話に集中していない人を重点的に視線によって集中してもらっています。

3 話しやすい人だと思われるために

関心を伝えるための態度や相づち　　阿川

対話の場で相手に話しやすい聞き手だと感じてもらうために、「面白がって聞く」ということを意識しています。面白くない話を無理に面白がって見せる必要はないですが、少しでも面白いと感じたら、遠慮することなくその場ですぐに、言葉で反応したり笑ったり、態度や、それこそ目つきで示したりすることは大事だと思います。

ことに日本人は、あまり馴染みのない人の前で自分の話をすることに躊躇の意識を持つ傾向があります。話し出してはみたものの、あまり相手が乗ってこないと「やっぱり私の話がつまらないんだな」とか「関心がないみたいだな」とか、余計な心配が頭をよぎって、だんだん話しづらくなっていく。そんな気持になる前に、「じゅうぶんに面白いですよ」という聞き手の意志をしっかり伝えておくと、話し手は安心して言葉を続けることができます。

相づちもしかりです。特に、まわりがシーンと静まり返っているような場で、一人だけで長々と話していると、誰だって不安になってきます。そんなとき、合間合間に、「ほうほう」とか「うんうん」とか「それで？」とか、合いの手を入れられると、話にリズムがついて話しやすくなるというものです。

日本の民謡などはだいたい「合いの手」が入りますよね。「はあー、よいよい」「さあ、こりゃこりゃ」「あ、どっこいしょ」などと、「合いの手」が入ることで、全体の調子も上がっていきます。相づちは、民謡の「合いの手」と似たようなものです。話しているのは一人だけれど、一人じゃないよ、ちゃんとみんなで聞いていますよ、盛り上がっていますよ、あるいは、私はしっかり聞いていますよという、いわば確認作業のようなものです。

しかも、その相づちを上手に打ってあげれば、話し手側はリズムがつくだけでなく、自信を持って話し続けることができるようになると思います。

電車に乗ってオバチャン同士の会話を聞いていると、面白いですよね。


「昨日さ、ウチの亭主がひどくてさ」

「ふんふん」

「スマホを失くしたって言うのよ」

「あら、大変」

「だから、鳴らしてみたら？　って言ったの。ウチにあれば着信音が聞こえるだろうし、外で失くしたのなら、拾った人が電話に出てくれるかもしれないじゃない？」

「それはそうね」

「でも亭主ったら、嫌だって言うの」

「なんで？」

「知らないわよ。鳴らして誰かが出たら気味悪いって」

「そうなの？」

「怪しいでしょう？　で、あたし、ピンときたのよ」

「ピンときちゃったの？」

「だっておかしいじゃない。絶対あの人、変なとこに行って、そこで忘れてきたに違いないのよ」

「ああ、それはあるかもねえ」

「でしょう？　怪しいでしょ？」

「怪しい、怪しい」


ついこちらも聞き耳を立ててしまいます。ついでに隣で一緒に相づちを打ちたくなってくる。たわいもない話ではあるけれど、なんだか漫才を聞いているみたい。こういうリズムが実は、日本人にとって話しやすいのかもしれないと、私は納得します。


そういう意味では「オウム返し」も有効です。オウム返しとは、相手の話の中から一つの単語を拾って、それを返すのです。

「先週、北海道に行きましてね」

「ほお、北海道？」

「北海道にはおいしいものがたくさんあって」

「そうそう、北海道はおいしいねえ」

「ことにこの季節、とうもろこしが抜群でしたよ」

「ああ、とうもろこしが抜群でしたか」

なんて調子。単純に聞こえるけれど、これでもちゃんと会話はスムーズに進んでいきます。おざなりに返していると誠意がないと思われてしまうけれど、話し手のノリに便乗しているうち、話し手も聞き手もだんだん息が合ってくるというものです。


とはいえ、自分のリズムだけを押しつけると、対話がうまくいかなくなることがあります。私はせっかちだから、相手に質問したのになかなか返事が戻ってこないと、答えが見つからないのか、あるいは答えたくないのかもしれないと思い込んで、答えを待ちきれずに次の質問をかぶせてしまったり、話を変えたりしてしまいそうになります。でも、なかなか返事が出てこなかったのは、適切な答えをしようと一生懸命考えていたせいだったと、あとになってわかったことがあります。以後、反省し、ゆっくり話される人にはゆっくり時間をかけて、早口の人はその人のテンポに合わせて話すようにしています。

先年一一二歳で亡くなった伯母がおりまして。伯父が亡くなったあと広島で長く一人暮らしをしていたのですが、九十七歳のときに何度か転んで入退院を繰り返し、子どももいないので世話をする人もおらず、もはや自宅で一人暮らしをするのは難しいと判断しました。施設に入れる相談を、伯母の病室でお医者様としていたときのこと。私がお医者様と話をしている横で、伯母がときどき、「あのー」とか「でもー」とか小声で割り込もうとする。そこで私は、

「伯母ちゃん、ちょっと待ってて。あとで説明するから」

そう言い置いて、またお医者様との会話に夢中になっていたら、突然、伯母が、

「もお！　あたしにも喋らせてちょうだいよ！」

振り向くと怒っているのです。そのとき気がついたのです。そうか、伯母は私たちの早口についてこられなかったのか。言いたいことがあるのに、この早いテンポの波に乗ることができなくてイライラしていたんだなと。

人はそれぞれに呼吸も頭の回転も、話すテンポやリズムも違う。自分のリズムとテンポが標準だと思い込んでいると、相手の大事な話を聞きそびれてしまうことがあります。相手の話をちゃんと聞きたいと思ったら、ときには相手が心地いいと思っているリズムを理

解して、その人のテンポに合わせることも大切なのだと学習しました。

寄り添っていることを伝える相づち――齋藤

テンポは大事ですね。日本人の多くは話の途中に相づちなどで同調を示してもらえないと、話すことに不安を感じるのだと思います。それだけ自分の話に自信がないというか、そもそも自我がそれほど強くありません。

ですから周囲の人に相づちを打ってもらうことで、安心して話を続けることができます。「ですよね」とか、「へー、そうなんだ」といった相づちの言葉があると、相手は自分の味方であり、自分に寄り添ってくれているのだと思って話がしやすくなるのでしょう。

相づちを表す言葉にもいろいろありますが、「なるほど」という言葉を使うときには注意したほうがいいかもしれません。場合によっては、「この話はさっさと切り上げて次の話にしたい」という少し冷めた感じがします。それに対して、「そうですよね」や「そうなんですか」という相づちには打ち切り感がなく、さらに相手に話を促す効果があって無難です。相づちには工夫が必要ですよね？

気をつけたい言葉や話す気が萎える態度——阿川

「なるほど」は、たしかに齋藤先生のおっしゃるような印象を与えることがあるので、私もできるだけ使わないように気をつけているつもりなのですが、つい使ってしまうんですよね。さきほど触れた「わかるわかる」も相手に誤解されやすいので使わないようにはしているのですが。

以前、ある司会者がゲストと対談をしているときに、「それはさておき」という言葉を頻繁に挟んでいたことがありまして。その司会者にしてみれば、話を本題に戻したいとか、次の話題に移そうとかする意図で使ったのであって、決して悪気はないとは思うのですが、傍で聞いていた私は、かすかに違和感を覚えました。そう言われた側のゲストはどういう気持になっただろうと心配になったのです。なんとなく、「それはさておき」と言われて話題が変わったら、「なんだ、今まで自分が一生懸命話していたことは、つまらない話だったって言いたいの？」と傷つくのではないかと。

対話の合間のちょっとした一言で、相手を元気にさせられることもあり、がっかりさせることもあります。些細なことかもしれませんが、けっこう大事です。

あとは小さな態度。たとえば、対話中に時計に視線を向けるのは御法度です。時間を気にするということは、対話の相手に「ああ、この人は時間がないんだな。自分は喋りすぎているのかもしれない」と思わせてしまう恐れがあります。もちろん、限られた時間内に終わることも大事ですから、私がインタビューをするときは、目の前に時計を置き、きちんと約束の時間内に終わらせる意志を伝えるようにしていますが、相手がリズムよく話している最中にあまりチラチラ時計に目を向けると、話している側も気が散って、不快な気持になりかねない。気分を害すると、話は膨らまなくなります。どうせ時間がないのなら、手短に話して済ませようと思われてしまいます。だから私は相手に悟られないよう速攻で時計に視線を向けるようにするのですが、最近、老眼が進んで、チラッと見ただけでは時間を確認できなくて、苦労しております(笑)。

スマホやパソコンも使い方次第で迷惑に ——— **齋藤**

時計を見られると気になりますね。対話中に相手がスマホを見ていると、自分の話を聞く気がないのだろうと思ってしまいます。一方、若い人などは自分が話しているときに相手がスマホを見てもほとんど気にならないと言います。なかには対話中にずっとスマホをいじっている人もいますが、やはりマナー上は感心できません。特に年上の人や目上の人と話すときは、やめたほうが無難です。

スマホというのは、使い方によってはとても便利な道具です。対話の最中にわからないことが出てきたら、すぐに調べることができます。パソコンも同様です。最近では、会議や打ち合わせなどにパソコンを持って参加するのが当たり前になりました。

ある会議に参加したときのことですが、書記役の方が参加者の発言を逐一、パソコンで打ってくれて、しかもそれが即座にプロジェクターに映し出されるので、発言中に内容を確認できるし、会議が終わったときには報告書のような形になっていたので、とても助かりました。

とはいえ、少ない人数での対話の最中にそばでカタカタとパソコンのキーボードを打たれると、やはり気になるときがあります。音もそうですが、ほとんど視線を上げないので、その人がその対話に参加しているという感じを受けません。

また、移動中の新幹線などで隣に座った人がパソコンをカタカタやりだすと、それだけでこちらが疲れてしまいます。スマホをいじっている程度なら音がしないので気になりませんが、パソコンをカタカタやられると気になってしまいます。

4 初対面の人は、まず共通点を探す

面白いところや興味を引かれたところは逃さない ―――― 阿川

初対面の人と話すときは、まず、その人の面白いところを探すようにします。

たとえば珍しいお名前の名刺を差し出されることがあります。

「うわ、○○さんってお名前の方、初めてお会いしました！　どこのご出身ですか？」と、つい聞きたくなってしまいます。すると、もう何万回もその質問をされているのでしょうね。「実は……」と見事なご先祖様の物語が展開されることがあります。名前だけでなく、変わった眼鏡をかけていたら、「どこの眼鏡？」と興味が湧くし、ちょくちょく会う機会がある人でも、いつになくお洒落な格好をしていたら、「ステキですねえ、そのスーツ」なんて具合。このご時世、セクハラやパワハラが問題になるので、あまり相手を傷つける心配のある問いかけは避けるようにしますが、でも対面した途端に目に入って気づくことは、なるべく話題に乗せるようにします。

先日も『ビートたけしのTVタックル』に、「リーゼント刑事」の愛称で知られている元刑事で犯罪コメンテーターの方がゲストにいらしたとき、初対面ではなかったのですが、ご挨拶をしたのち、近づいて「ちょっと触っていいですか？」とバリバリに固まった前髪に触れたら、本当にカチンカチンに固めてあって驚きました。思わず「うわ、固っ！」と笑ったら、強面の元刑事さんの表情が一気にほぐれて、「念入りに固めておりますので」だって。そのあと、「緊張がほぐれて助かりました」とお礼を言われました。別にお助けするつもりで触ったわけではなかったのですけどね。

初対面の方の場合、まず相手の専門分野とか関心の高い話題に入り込んでいくこともあります。たとえば元野球選手にお会いしたら、「大谷君のすごさって、何なんですか？」とか、経済評論家にお会いしたら、「この円安はどこまで行くと思われますか？」とか、本題に入る前、社交辞令代わりに、その方が話しやすい話題で助走をつけておくと、堅苦しい対話でも、柔らかく始められる場合があります。

相手の経験世界から共通するものを探す　齋藤

自分と関連することは身が入りますよね。私も相手の経験世界に沿って、自分と共通するような話題を探すことから始めます。たとえば小学生と話すのであれば、そのときに話題となっている漫画やテレビアニメを取り上げることが多いです。

特に初対面の人と対話するときには、年代によって経験してきた世界が違うので、そうしたものを踏まえたうえで共通となる話題を探すことが大切だと思います。

初対面の人と会うときには、スマホがとても便利なツールになります。「この音楽にハマっている」「このYouTubeチャンネルが面白い」と、相手にそれを聞かせたり、見せたりすることができます。

相手が知らなかったことでも、一緒に聞いたり、見たりすることで盛り上がることができます。スマホには初対面の人でもその場で話題を共有できる便利さがあります。

また、これはツールとは言えませんが、犬を散歩させていると初対面の人でも和やかに話ができます。もちろん話す内容は犬に関することで、お互いのことには触れません。仮に人と人がすれ違っても、知らない人同士ならほとんど話をしませんが、犬という共通項があることで知らない人同士でも信じられないくらいスムーズに会話ができます。犬を飼っている同士だと、ご近所付き合いも円滑になります。犬を飼えば、初対面の人との対話も楽になるかもしれません。

犬がいなくても話し合える世の中に ―――――――――― **阿川**

でもね、日本の今のペット事情を見ていると、どうもペットへの愛情のかけ方が尋常ではないと感じるときがあります。なんて言うとペットを大事にしている人に怒られそうだけど。できればペットとか子どもとかを媒介にしなくても、自然に見知らぬ人と会話ができるようになれたらいいのにと思うのです。

とはいえ、私もそういうことができるようになりたいと思っているだけで、なかなか実行に移せません。この間も電車の中でステキな靴をはいている女性を見かけまして。ベージュのパンプスで、着ている服もベージュ。そのコーディネートの具合がたいそうステキだったので、思わず声をかけたくなったのですが、何せ他にもたくさん乗客がいる中で、突然、声をかけたら驚かれるかしら、でもステキだなあ、どうしよう、なんて思っているうちに、降りる駅に到着して、とうとう声をかけずじまい。これだからダメなんだと反省しました。

以前、アメリカでそういうことがあったのです。道を歩いていたら、ホームレスの男の人に声をかけられたんですね。どうも私のはいていた靴についてなんか言われたみたい。でもちょっと怖かったので、返事もせずに素通りしたのです。そうしたら、後ろからそのホームレスおじさんに「ヘイヘイ！」って呼び止められて、振り向いたら、「僕は君の赤いスニーカーがステキだねって褒めたんだ。返事ぐらいするのが礼儀というものだよ」って叱られました。そうでしたよね、ごめんなさい。どうもありがとう。って、私はペコペコ謝ったのですが、本当にあのときは情けなくなりました。私はなんと無礼者だったのかと思って。

でもアメリカ人って、ほんの通りすがりの人に向かってでも、「ハーイ。いい天気だね」とか、「I like your shirt」とか気楽に声をかけてくるんですよね。ああいう言葉が自然に出るようになったら、街の雰囲気も明るくなりそうな気がするんですけど。そしたら初対面の対話の始まりなんて、なんの苦もなくなりそうですよね。

5　相手のことを事前に知っておく

好きなものや近況程度は事前に調べておく　　齋藤

対話をする相手が決まっているときは、ある程度、その相手のことがわかっているほうが一般的に対話は深まりやすいと思います。

だいぶ前のことですが、ノンフィクション作家の柳田邦男さんと対談する機会がありました。柳田さんは私が載っている雑誌の記事にまで目を通して、気になる箇所にラインマーカーで線を引いたり、それに関する質問を用意してくださったりしました。あれだけ高名な方が、ここまで準備して対談に臨まれているということに少し驚きました。しかも、その質問内容が非常に的確なので、これなら対話は深まるだろうと感じました。

また、『徹子の部屋』に出演したときのことですが、それまで私は、黒柳さんはアドリブ感覚で聞きたいことをどんどん聞いていくタイプだと思っていました。ところが予想に反して、黒柳さんはゲストである私のことを事前によく調べていて、聞きたい内容を手書きでまとめたメモをテーブルの上に置いて進行していました。とはいえ、その内容は頭の中に入っていて、収録中はいちいちそのメモを見ずにナチュラルに進行されていました。

やはり相手の好きなものや近況といった程度は事前に調べておくと、実際の対話にも入りやすいと思います。私も最初の授業で、学生が好きなことを一応、聞いておきます。二十名ぐらいの授業であれば、だいたいは覚えていられます。すると、音楽好きの学生であれば、「最近、ライブに行ってるの？」という感じで話しかけることができます。卒業して十年ぐらい経ってから会っても、そうした話題で盛り上がることができます。

相手が好きなものや興味があることを知っていると、それが対話をする場合の情報としてとても役に立ちますし、対話もスムーズに進みます。阿川さんはどうなさっていますか？

事前に調べすぎると鮮度が落ちてしまう──阿川

事前に相手のことを知っておくのは理想的なのですが、私の場合、準備万端、用意周到ということがあまりなくて。そもそも本や資料を読むのが極度に遅いものですから、「これを徹夜で読むぞ」と意気込んでおきながら、気づいたら朝になっていて「まずーい！間に合わないぞー」と慌てる試験前の学生のようなことをいまだに繰り返しております。だから極めて用意不周到でインタビューに臨むことが多く、常に緊張感が漂っています。

ただ、これは言い訳になるのですが、たまに資料を完璧に読み切って、今日は余裕綽々《しゃくしゃく》でインタビューができると思ったときに、案外失敗することがあるんです。それはおそらく、資料を読破したことですっかり相手のことを知ったつもりになってしまって、初めてお会いしたにもかかわらず、驚きや新鮮味を失ってしまうのでしょうね。「ああ、その話はあの資料に載っていた」とか「この話の出だしはあのときのエピソードだな」とか思ってしまう。これは相手のお話のせいではなく、私の構え方の問題であり、資料だけでその人のことを知ったつもりになることは、本来いけないことなのですが、事前に知っているエピソードを語られると、どうしてもその話をなぞるだけの気分になってしまう。

もちろんそれでも事前に相手のことを知っておくのは大事です。他の媒体や雑誌ですでに語っていることでも、すべてをわかることはできないですから、むしろ事前に調べて知った情報の、さらにその先を、あるいはその前や周辺に何がこぼれているかを知ろうとするように心がけます。そうすれば、対話が「検証」にならず、語っている側も、「いつもおんなじ話をしているな」という既成感なく、もしかすると新しい頭の抽斗が開くきっかけになるかもしれません。

あとは、相手のことを調べるうちに、我が身に置き換えて気づくことや、思い出すエピソードを見つけることもあります。そういうときは、聞き手として出しゃばりすぎないよう気をつけながら、「私も実は、同じ街に住んでいたことがあるんです」とか、「私と二つ違いですよね。だったらあのドラマ、観てましたか」とか、共通項を探っていくと、思わぬ話の展開が生まれることもありますね。

相手と自分の共通点や接点を探しておく――齋藤

やはり相手と自分の間で共通点があると、対話も盛り上がりますよね。ですから、事前に相手のことを調べる場合も、自分と何かしら関連があるようなことをピックアップして覚えておくのはいい方法です。

あまり詳細に調べなくても、共通の趣味はないか、その人の経歴や業績の中に自分が関心を持っているテーマはないか、そうしたことを確認しておいて、それを手がかりに質問することで、対話がどんどん発展していきます。そういう意味では、相手の何を切り口にして、相手とどう関わるかをはっきりさせておくと、口下手な人でも話しやすくなるのではないでしょうか。

6 対話は出だしが肝心

齋藤

自己紹介で注意すべきこと

初対面の人と対話するときは、まずは自己紹介から始まるのが一般的です。たとえば大学の授業でも、最初は一人ずつ自己紹介してもらいます。

普通、社会人の自己紹介の場合、自分の経歴を話す人が少なくありません。でも、それでは話が長くなったり、場の空気が重くなったりすることがあります。なかには自分の学歴について話す人もいますが、これも少し問題があるかもしれません。しかも大学名ならまだしも、卒業した高校名を話す人がいますが、これにはかなり違和感があります。学生時代について話すなら所属していたサークルや部活動、精を出したアルバイトなどは平凡でも違和感なく受け入れられるのではないでしょうか。

出身地について話すのは、無難でいいと思います。私の場合は「静岡出身です」と言うと、静岡県の話題で結構、盛り上がることができます。

よほどレアでマニアックなものでなければ、今、ハマっていることについて話すのも割とウケます。趣味でもいいし、よく見ているYouTubeのチャンネルでもいいし、「推《お》し」

のようなものでもいいですね。個人情報には敏感な時代だけに、オープンにしていいと自分が思うものは、自分から話すのも、親しみたいときにはアリです。

相手の様子をよく観察してから対話を ——— 阿川

自己紹介をしろと言われたら、状況にもよりますが、まずはその場と自分の関わりについて話すようにしています。たとえば、「今日、ここに来たのは齋藤先生のご紹介です。齋藤先生とは十年ほど前、初めてお会いして、以来何度か仕事をご一緒しております」という感じかしら。

言ってみれば、地図を広げて現時点との距離や方角を確認するような作業です。その集まりの軸となるような人と自分がどういう関係で、どれぐらいの付き合いがあるのかを最初に伝えておくと、相手は安心できるし理解が速くなる。軸となる人間がいないのなら、その土地との関係性を語っておけば、互いに親しみが湧いてきます。

自己紹介に続いてインタビューなどで気をつけていることの一つに、最初の口火をどう切るかという問題があります。別にルーティーンがあるわけではないので、きちんとご挨拶をしたあと、私の場合は、「え、これってもう、インタビュー始まってるの？」とゲストに驚かれるほど、するするするっと始めてしまいます。

それは、できるだけ身構えたくないからです。実際、本番のインタビューに入る前にはいろいろなことが起こり、あるいは目に入ってきます。たとえば、ゲストが椅子に座られたタイミングに、「荷物はこちらでお預かりしましょうか？　あら、お洒落なバッグ！」と気づくこともあるし、「お飲み物は何にしますか？　コーヒー？」「いや、カプチーノがいいな」「あら、お洒落！　じゃ、私もカプチーノ！」なんて、冒頭から盛り上がることもあるし、そんな具合にせっかく和んだところで、「ではただいまより、インタビューを始めます」なんて、どうも野暮な気がするのです。

もちろん、事前に第一声を決めておくこともあります。お相手が大きな賞を受賞なさった直後のインタビューだった場合などは、礼儀としても話題としても、まずは、

「このたびはおめでとうございます！」

そうご挨拶するのが順当と思い、その流れで、まずは受賞の感想などから話を進めていこうと、そういう心積りでお待ちしていると、部屋に現れたゲストが、松葉杖をついていたりする。私の本来の目的は冒頭で受賞の感想を聞くことだと思い、松葉杖など無視して、

「おめでとうございます！」

そう声高らかにご挨拶する手がないわけではないけれど、それはどう考えても不自然です。だってもし相手が友達で、まさか松葉杖で来るなどとは予想もしていなかったとしたら、とりあえずびっくりしますよね。

「どうしたの、その足!?」

これが対面したとき最初に発するべき言葉です。というか、それが自然な流れですよね。聞かれた当人もきっと、この足で松葉杖をついてこの場所に来ただけでくたびれて、嫌になっちゃうなあと思っているかもしれない。ご本人の今の心境をなるべく察することも大事だと思うのです。

本来の目的や、こちらの求めているものはともかく、今、相手がどんな気持でいるか、緊張しているか、来るだけで疲れているか、汗だらだらで上着を脱ぎたい気分か、聞かれたくない質問がきたらどうしようかと警戒しているか、そこらへんの塩梅《あんばい》を察して声をかけることが必要です。今の自分の気持を理解してくれる聞き手だとわかれば、聞かれ手は、たぶんホッとすると思うのです。

あとは、なにか一つ、褒める。ヘアスタイルでもネクタイでもバッグでも。今どきはハラスメント問題があるので、少し慎重に言葉を選ぶ必要はありますが、相手を評価することは大事です。相手が大事だと思っているもの、気にかけているものに対し、こちらも興味を持ったり面白がったりすれば、悪い気はしないものです。ただし、むやみにお世辞を連発すると、かえって警戒されるので、それも要注意です。

相手のことを褒めてから対話を始める ―― 齋藤

まず相手のことを何か一つ軽く褒めてから対話を始めるというのは得策ですね。初対面の人でも、たとえば「すてきなスマホケースですね」などと軽めのものでとりあえず言ってみる。そういう感じで一言褒めてから対話に入っていくと、結構うまくいくような気がします。

とはいえ、おっしゃる通り、「お世辞」はよくありません。お世辞は、心にもないことを言うことです。初めから何が何でも褒めようと決めていて、自分の心が動いていないにもかかわらず褒めるのがお世辞だと思います。それに対して、相手のいいところを見つけて、そのことに自然に言及するのが褒めることです。お世辞と褒めることは、似て非なるものです。

その意味でも一緒に面白がるというのは、いいですね。お世辞を言うときの構えと面白がるときの構えは、心の構えとしてはまったく違うものです。お世辞を言うのは一見、親密そうに見えても、本音では相手との間に距離を取っているような感じがします。一方、面白がるのは自分の心が動いている感じですから、自然に相手との距離が縮まりますよね。

聞くことの方向性を変える

阿川

長くインタビューを続けていると、ときにお会いすることになった方の著書や作品などにさほど感動しなかったという場合もあります。本音を言うと感動しなかったのに、「素晴らしかったです！」などと心にもないことを言ったところで、相手には「これは口先で言ってるな」ということはすぐにバレます。

そういうときは、無理に褒め言葉を並べることをせず、聞くことの方向性を変えるようにします。全体的には面白いと思わなかった映画だとしても、要所要所に魅力的なシーンがあったり、驚くほど苦労したらしき痕跡が窺われたりすることはあります。そんな場面を思い出して、「あの長い台詞のシーン、よく乗り越えられましたね」とか、「寒そうな山中での撮影はさぞや大変だったでしょう」などと、具体的な、しかも本当に心に残った部分について探っていくと、思いもよらぬ別の面白い話が出てきて、最後にはこちらとしても「いい映画だったなあ」と改めて感動することがあります。具体的な事柄に触れたほうが、相手も「ちゃんと観てくれたな」と理解するでしょうし、「ステキでした」とか「素晴らしかった」とか抽象的な褒め方をされるより、きっと嬉しいものだと思います。

自分で言うのもナンですが、具体性のない話をしがちなのは、どうもオバサン族に多い気がします。たとえば、ステキな人の話をするときに、「阿川さんにも是非、会ってほしいの。とにかくすっごくステキな人なのよ。ホントにステキなんだから」と、何度聞き返しても「すっごくステキ」しか形容詞が出てこない。だからこちらも「是非お会いしてみたい」とは言いにくくなってしまいます。

ものごと何でも具体性は大事です。美辞麗句をどんなに並べるより、たった一つの小さなエピソードを語られるほうが、心に残るものとなるはずです。

7 「回し役」と「口火役」で対話は弾む

話すタイミングがつかめない人がいる

阿川

私は基本的にお喋りなタチなので、自分が話したいと思う事柄が頭に浮かぶとすぐに口から出てくるのですが、世の中にはそうでない人もたくさんいますよね。

昔、これまた失敗したことがあります。さかんにお見合いを繰り返していた年頃に、女友達と会って、「どう？　お見合いしてる？」なんて話題をよくしていたのですが、あるとき、友達の一人だったA子さんと会ったら「どう？」と聞かれたので、「それがねえ、先週もまた一つ、お見合いしたんだけどね。その人がね……」と、私は一人で喋りまくって、気づいたら時間がなくなり、「じゃ、またね」と別れたのです。するとその数日後、別の友達から「A子さんが婚約した」という噂が届いたのです。私はびっくりしてすぐにA子さんに電話をしました。

「婚約したの？　あの日、ぜんぜんそんな話、してなかったじゃない！　どういうこと？」

問い質したところ、

「だってアガワが聞いてくれなかったから、言いそびれたの」

深く反省いたしました。世の中には放っておいてもガンガン喋る私のような人間もいるけれど、聞かれなければ喋れない人もいるのだということを肝に銘じた次第です。

以後、気をつけるようにしております、たぶん。数人の会合の場で、他の人の話を聞くばかりでまったく発言していない人を見かけると、「○○さんは、どう?」と水を向けるようにします。おそらくその人は会話に参加したくないから黙っているわけではなく、あるいは話す話題がないから聞くことに徹しているのでもなく、話し出すタイミングをつかめずにいるだけかもしれないからです。実際、話し出してみれば、けっこう話題が豊富だったりするのです。だから、そういう人の存在に気づいたら、バトンを渡すがごとくに、今度は自分が聞く側に回るよう心がけております、たぶん。

上手な回し役や口火役の大切さ ―― 齋藤

たしかにタイミングは、車の車線変更のようなものでコツがありますよね。対話のテンポが自分と合わなくて、そこに入っていきづらいことがあります。また、対話の場に一種の力関係が働いている場合も、話しにくくなります。たくさん話す人や声が大きい人がその場を支配してしまって、他の人が勝手に入ってこられない空気ができあがってしまっているのです。

もちろん、自分に話を振られたくないので、ひたすら黙っているという人も中にはいるでしょうが、そういう人は少ないような気がします。一言話したくても、そのタイミングがつかめないという人がいます。そういうときに「この人はあまり話していない」と察知して、発言するように水を向けることができる人は、場の雰囲気をつかむ感覚や能力に優れていると思います。

全体のバランスを考えて対話の場を上手に仕切ることができる人は、いわゆるＭＣ、司会者向きです。そういう役割の人がいないと、対話の場では一部の人だけが話し続けるという状況になってしまいます。上手な「回し役」のような人がいると、その対話は公平感があるものになります。

また、回し役と同時に「口火役」になる人がいると、対話はどんどん進んでいきます。大学の授業で教員を目指す学生に、数学や英語などの教科の内容を替え歌にして発表してもらったことがあります。

「誰か歌ってくれませんか」と言うと、案の定、シーンとなりました。そこで、私は一人の女子学生を指名しました。教室をパッと見回したときに、他の学生は「ちょっと勘弁してください」という感じでしたが、その女子学生だけは「何なら私が歌ってもいいですよ」という雰囲気を醸し出していたからです。

彼女は吉幾三さんの『俺ら東京さ行ぐだ』という曲に乗せて、ものすごく面白い替え歌を披露してくれました。おかげで教室中が爆発的に盛り上がりました。あとで聞くと「緊張した」ということでしたが、彼女にやってもらってよかったと思いました。

こういうときに誰彼構わず無理に指名すると、今はパワーハラスメントになりかねませんが、「何なら私がやりましょうか」という雰囲気の人にやってもらうと、たいがいはうまくいきます。「彼女がやるなら、自分もやる」という感じで、次々に歌ってくれる人が出てきました。対話を盛り上げるためには、口火を切る人がいかに大切かということを物語る出来事でした。

8 「前置きが長い」と言われる人に

結局、何が言いたいのかよくわからない　阿川

改めて申し上げるまでもなく、私はお喋りです。だからといって、話し上手だとは思っていません。というのも、よく人に指摘されるのです。

「あんたの話は前置きが長い」と。

そうなんです。前置きが長いんですよ。長すぎて、「結局、何が言いたいのかわからん」と叱られることもよくあります。なぜ前置きが長くなるかと弁明するに、本題ももちろん話したいのですが、本題に入る前の話もいろいろあれこれ浮かんでくると、それも説明しておいたほうがいいような気がしたり、本題の周辺の話も面白いから聞いてもらいたいという気持になったりして、結局、長くなるんですね。話をするとき、前置きが長くなるのは、やはりダメでしょうか？

前置きはオチとセットで考える　齋藤

前置きが面白くて本題で引き出すものならＯＫですよね。ただ前置きが長い人の中には、

得てして本題に入る前の近況報告のようなものが長い人がいます。近況報告などは、できれば三十秒くらいで終わらせたほうがいい。三十秒程度なら、人はどんな話でもたいてい耐えられます。

授業では三十秒で近況報告するよう、学生たちに練習してもらうことがあります。私が教えている学生は教員志望が多いのですが、その練習をしていると、三十秒で爆笑を取るような近況報告ができるようになります。これは教師には必要な力です。

前置きが長いというのは、小説家の資質としてはいいことだと思います。その前置きがきちんと本題やオチの伏線になっていれば、いい小説や物語だということになります。山上憶良《やまのうえのおくら》の「貧窮問答歌」という有名な歌がありますが、これなども人民の貧困ぶりが延々とつづられた長歌が前置きとなっています。そして最後は、「世間《よのなか》を憂《う》しとやさしと思へども飛び立ちかねつ鳥にしあらねば」という反歌と呼ばれる短歌で終わっています。この短歌が本題というか、オチになって話がきゅっと締まります。それによってまた逆に、前置きの貧乏ぶりが身に染みて思い返されてきます。

松尾芭蕉の紀行集なども旅の途上のさまざまなことが前置きとなって、最後は俳句で締めています。こうした「前置き＋本題やオチとしての歌、俳句」は、日本の伝統的な文芸の典型と言えるのかもしれません。前置きが長いということは、それだけ話を引き延ばす力があるということでもあります。

対話においても本題やオチを引き立てる前置きであれば、多少長くなっても構わないのではないでしょうか。逆の見方をすれば、本題やオチが優れたものであれば、かえって長い前置きが生きてきます。

何とかかんとかの阿川佐和子です　阿川

近況報告は短いほうがいいと言われて思い出しました。テレビの仕事を始めたばかりの頃、慣れない私にプロデューサーが、「こんばんは、阿川佐和子です」と番組の冒頭で挨拶するとき、頭に接頭語のようなものをつけなさい、とおっしゃったんです。「接頭語？」と問い返したら、なんでもいいから、その日、見たものとか感じたこととか。いわば日記のようなことを名前の前につけてごらんなさいという意味だったのですね。たとえば、「今日、今年初めてウグイスの声を聞いた阿川佐和子です」とか、「地下鉄に傘を置き忘れてしまった阿川佐和子です」とか。そんな感じの自己紹介にしなさいと。

具体的な要素が入った近況報告がいい ―― **齋藤**

それは短い近況報告として、実に素晴らしいものです。短いうえに具体的な要素が入っているし、その人の人となりが伝わってきます。

今のお話で気づきましたが、先に自分の名前を言ってから近況報告をするというやり方もありますが、それでは「阿川佐和子です。今日、これこれこういうことがあって……」と、どうしても長くなりがちです。それに対して、「何とかかんとかの阿川佐和子です」は短くて済みます。これなら前置きが長くて嫌がられるということもないですね。

9 話すことを三つぐらい用意しておく

話の方向性が変わってきたときのために ―― **齋藤**

対話には、なんとなく「行き先」「方向」があります。行き先がこちらだと思われる場合は、その方向で自分が話すことを考えておきます。ただし、それを一つに絞ってしまうと、突然別の方向に話が変わったときに、すぐに対応することが難しくなります。そうした事態も考慮して、自分が話す候補を三つほど考えておいたほうがいいでしょう。

また、テレビでコメンテーターをやっているときなど、自分が言おうと思っていたことを先に隣の人に言われてしまうことがあります。そんなときに「○○さんと同じ意見です」では、テレビ的に面白くありません。だからといって、その場で考え込んでしまうと、たった二秒や三秒でもテレビ的には妙な間になってしまいます。テレビを見ている視聴者も、おそらくイライラするのではないでしょうか。そうした意味からも、普段の対話においても話す候補を二つか三つ用意しておいたほうがいいと思います。

話すことが一つしかないと、対話や会話が固まってしまいがちです。返すことをあらかじめ決め込んでいる芸人さんのようなもので、現場で話の方向性が変わっても用意した一つを話すしかなくなってしまいます。当然、話の内容がズレたものになって、笑いを取ることができません。用意についてはいかがですか？

質問は多すぎないほうがいい ―― **阿川**

インタビューの仕事を始めたばかりの頃、私はレポート用紙に二〇項目ぐらいの質問を箇条書きにして、それを膝に置いて臨んでいたんですね。ところが、実際にインタビューを始めると、自分で書いた質問項目が気になって、お相手の話にそれこそ相づちを打ちながらも、「次はどの質問にしようか」、「三番目は飛ばそうか」、などと頭であれこれ考えて、レポート用紙をチラチラ盗み見ようとする。とりあえず自分が発した質問に答えてくださっているのを確認すると、それで安心して、話の内容なんかしっかり聞いちゃいないんですね。

そんなとき、これは『聞く力』にも書いたんですが、先輩アナウンサーの著書を読んだら、「インタビューをするときは、質問を一つだけ用意して出かけなさい」と書かれていたんです。でも駆け出しのインタビュアーとしては、そんな怖ろしいことはできない。質問を一つしか用意していなかったら、一つの質問をした途端に、終わってしまうと思ったのです。でもその先輩アナウンサーの意図するところは、

「一つしか質問を用意していなかったら、次に何を聞こうかと思うとき、その手立てとなるのは一つ目の答えの中に探すしかなくなる。だから、質問をして答えが返ってきたら、相手の話を必死に聞こうとする。必死に話を聞けば、必ずその中に次の質問が浮かんでくるはずだ」

そういうことだったのです。このアドバイスは本当に役に立ちました。でも、さすがに

質問を一つしか用意していかないのは怖いので、今はだいたい質問というか、テーマを三つぐらいは頭の中に用意して、その上でインタビューに臨むようにしています。

10 どう話せば聞いてもらえるのか?

聴衆を引き込む、ある作家の語り口 ―― 阿川

作家の渡辺淳一さんと講演旅行へ行ったことがあるのですが、ちょうど『失楽園』が売れていた頃で、まさに「時の人」でした。当然、私が前座を務めて、メインが渡辺さん。私の話が終わり、「では、続いて渡辺先生、よろしくお願いします」と司会者が舞台に招き入れたところ、なんだか渡辺さんはお疲れのご様子で、ちょっと不機嫌そうな感じだったんですね。そんな表情のまま、お話が始まったのだけれど、声もボソボソしていて聞きづらい。どうしたんだろうと、観客も不安になったのか、みんな舞台に向かって少し前屈みになって聞いている。でも、最初はノリが悪かった渡辺さんが、中盤あたりからちょっと面白い話をなさるんです。ちょうどその頃、さる有名女性歌手と人気俳優の夫婦が離婚して、世間で話題になっていたんですが、その話に触れて、

「あれは聞くところによると、年末の出来事だったらしい。普段は二人とも売れっ子だから仕事に忙しくてゆっくり話をする暇もなかったのに、たまたま双方とも休みが取れちゃった。時間がたっぷりあったのがいけなかったのでしょう。じっくり顔を突き合わせて話をしてみたら、やっぱり別れたほうがいいという結論が出てしまった。人間、ヒマが出来ると余計な話をしてしまうんです。互いに忙しかったら、別れなくても済んだかもしれない」

なんてね。渋い顔で不機嫌そうに登場した渡辺さんが、そんな話をなさるので、客席からはどっと笑い声が上がって、大盛り上がり。驚きました。そうか、出だしを不機嫌そうにしておくと、どうしたんだろうと聞く側は心配になって、つい前のめりに話を聞こうとする。そこからエンジンを少しずつかけていったほうが受けるのかしら、次回、試してみようと思ったほどです。でも女性でそういうことを堂々としてのけるには、かなりの勇気が要るので、まだ実践したことはありません。

対話における意外性やギャップの効用 ―――― 齋藤

それはすごい技ですね！　一般的には、対話においては明るいトーンで話したほうが人に話を聞いてもらいやすいです。普通の声のトーンがやや暗めという人は、そのままのトーンで話すと不機嫌だと思われて、話を聞いてもらえない危険性があります。

声のトーンを明るめにしておくとソフトな印象を与えるので、今の時代はそのほうが受け入れられやすいと思います。かつては少し不機嫌そうな人がいると周囲の人たちが気を遣うということがありましたが、今はそういう人は最初から敬遠されることのほうが多いです。

それでも話しているうちに最初の印象と違ってきて、「この人は案外いい人だな」となることもあります。意外性やギャップの効用と言えるかもしれません。

お笑い芸人さんなどもそうした面があります。仮にコンビだとすると、最初に「どーも」と明るく元気よく挨拶しながら出てくるのはツッコミのほうです。それに対してボケのほうはやる気がなさそうな、不機嫌そうな顔をして出てくることも多い。しかし、面倒くさそうにボソッと言うボケの言葉にお客さんは笑います。さらに、そのボケの人の話をもっと聞きたくなります。そういうボケの人は結構いて、これなども人に話を聞いてもらうための意外性やギャップの効用だと思います。

話を聞いてもらうために最初にボケるというのは、私もときどき使う方法です。以前から講演会などの出だしで笑いを取ろうと、「こんにちは、斎藤工です」と言っていました。でも、これは名前が似すぎているせいもあって、あまりウケませんでした。ボケとして言っていることが伝わらずに、単純に自分の名前を間違えているのではないかと思われている節がありました。

ですから、斎藤工はやめて、「こんにちは、ディーン・フジオカです」と言うようにしました。すると、女性を中心に結構ウケました。

以前、NHKの『視点・論点』というとても真面目な番組に出演したことがあります。通常は事前に原稿を作り、それをカメラに向かって十分くらいで話すのですが、私は原稿なしで収録に臨みました。テーマは「死生観を考える」というものでした。

その冒頭でも私は、「こんにちは、ディーン・フジオカです」と言いました。

「冗談でございます。まあ、今ディーン・フジオカさんだと私のこと思った方はいらっしゃらないと思いますけど、正解はここで笑っていただくということだったんですね。(中略)先ほど笑えなかった方のためにもう一度やらせていただきますので皆さんお笑いください。

こんにちは。ディーン・フジオカです」

そう繰り返してから、死生観についての話をしました。出だしが出だしだけに録り直しかなと思ったのですが、「OKです」となりました。

このディーン・フジオカさんのボケに関しては、こんな形でディーンさんのお名前を勝手に使っていいのだろうかとずっと引っかかっていました。そこで、とあるテレビ番組でお会いしたときに、「講演などの冒頭でやるとウケがいいので、使わせてもらっていいですか」とお願いしたところ、「もちろん、いいですよ」とディーンさん本人からお墨付きをもらいました。これからは堂々と使えると喜んでいます。

阿川さんは、大勢の人の前で話すときのコツはありますか?

熱心に頷いてくれる人に向かって話す —— 阿川

そもそも私は基本的に講演が苦手なのですが、それでも引き受けざるを得ないことがありまして。かなり緊張して出て行くと、ときどき最前列の席に、ものすごくつまらなそうな顔で座っている人がいらっしゃる。そんなに期待していないのなら、もう少し後ろの席に座っていただきたいものだと思うのですが、なぜかぶ然とした顔を緩める気配もありません。そういう人の前で講演を始めると、しだいに意気消沈してきます。どうせ私の話はたいした深みもないし、ためになりませんよーだ。やっぱり引き受けなければよかったと後悔したい気分になります。

でも、その人の顔が怖いからという理由で話を切り上げて舞台袖に引っ込むわけにもいきません。そこで会場を見渡すと、たいがい、一人二人は優しそうな顔の人を見つけることができます。私の些末な話にときどき頷いたり、口に手を当てて笑ってくださったりする人もいます。そういう人を見つけたら、なるべくその人に話かける気持になって講演を続けます。一人だけを見つめていると、他の方々に失礼になるかもしれないので、ときどきは、宝塚のスターのようにはいきませんけれど、顔を左右前後に向けて、全体を見渡すようにします。最前列のぶ然としたオジサンとはなるべく目を合わせないようにしてね。

でもこれが不思議なことに、講演を終えて楽屋に戻ると、最前列にいたぶ然オジサンが、実は主催者の関係者だったらしく、わざわざ私を訪ねてきてくださって、「いやあ、大変に面白かったよ」と褒めてくださったことがあり、人は一見した表情だけでは、面白いと思っているのか面白くないと思っているのかわからないこともあるものだと納得しました。

誰に話しかけるかということについて、ちょっと話は違いますが、貴重なアドバイスを受けたことがあります。『情報デスクTODAY』という番組のアシスタントを務めていた時代、生の番組が終了したあと、スタッフルームに戻って出演者やスタッフたちと反省会をする時間がありました。反省会といってもさほど堅苦しいものではないのですが、そういう場ではどうしても、メインキャスターの方の話にみんなが耳を傾けたり、プロデューサーと出演者たちの会話を黙ってまわりが聞くような展開になったりしがちです。

そんなとき、アナウンサーの小島一慶さんがよく、スタッフの中でもいちばん下っ端の、昨日、この番組に配属されたばかりでオドオドしているような若者に声をかけるのです。

「おい、弁当は食ったのか？　なんだ、新人のくせに二つも食ったんだって？」

「出身はどこなの？　え？　声が小さいぞ？　蚊じゃないんだから」

そんなふうに語りかけると、それまで上司のほうばかりに向けられていたスタッフ全員の視線がたちまち、その新人に方向転換します。すると、中間ぐらいのディレクターやアシスタントディレクターたちが、にわかに発言し始めるのです。

これは教訓になりました。会合や会議の場でも、どうしても主要な人たちの会話に偏りがちになりますが、そういうときは、その集まりの中でいちばん立場の弱そうな人、あるいは若い人、あるいはいちばん無口な人に、上の立場の人から水を向ければ、たちまち会話の輪が自由になり、あちこちから声を出しやすくなるのだと知りました。

まずは聞き上手そうな人を一人選んで話す ―― **齋藤**

たしかにまず話を聞いてもらえそうな人を選んで、その人に向かって話すというのは悪くない方法ですね。人前で話すのが苦手な人でも、まずは聞き上手そうな人を一人選んで話すところから始めると、だんだんと慣れてきます。

オンライン会議などでもなかなか意見が出ないときがありますが、私が司会をするときは若い人から順番に意見を聞くようにしています。最初に意見を聞かれて少し戸惑う人もいますが、何とかがんばって言いたいことを言ってくれます。次の時代を担うのは年寄りではなく若い人たちですから、若い人から順に話を聞くのはいいことですね。

11 対話に語彙力は必要か？

本を読まないからダメだと怒られて

阿川

父は小説家で、母は専業主婦でしたが本を読むのが大好きで、我が家には本が溢れていました。そんな家庭で育ったにもかかわらず、なぜかきょうだいの中でも私は本を読むのが苦手で、小さい頃から父によく叱られたものです。

「本を読まないと立派な大人にはなれないぞ」

なにをやっても、約束の時間に遅れても、「だからお前は本を読まないからダメなんだ」というオチが必ずついて、これが私の最大のコンプレックスでした。私自身、本を読める人間になりたいと思っていましたから、なるべく字の少ない、挿絵の多い本を選んで読み始めてみるのですが、すぐに眠くなったり、お腹が痛くなったりして、どうもなかなか本と仲良くなることができないまま大人になってしまいました。

今、じゅうぶんな大人になっても、ときどき「本を読まなかったから、語彙が乏しいのではないか」と不安になることがあります。立派な人間になれなかったのも、本を読まずに育ったせいのような気がしてなりません。なんだか齋藤先生に悩みを訴えている投稿者みたいな話になってしまいましたが、先生、どうなのでしょうか。

対話を聞くと語彙力がわかる

齋藤　阿川さんの場合、お父さまがすごすぎますよね。私も対談させてもらったことがありますが、素晴らしい語彙力でした。本人はそれほど本を読まなくても、家に本を読んでいる人がいると、会話の中に書き言葉で使われる四字熟語のような語彙が出てきやすい。

一般的な会話であれば、「いい天気だね」で済ませてしまってもいいのですが、知的な会話や高度な対話にするためには、ある程度の語彙が必要です。語彙力によって対話の水準がわかることがあります。

やはり本を読んでいる人のほうが、語彙力は豊富です。普段の会話を聞いているだけで、その人の読書量がわかることもあります。特に学生の場合はその傾向が顕著で、話すときに本に登場するような書き言葉を織り込んで話す学生は本を読んでいるということがわかります。芸人さんのコメントを聞いていても、本を読んでいる芸人さんと読んでいない芸人さんとでは違いがあります。

読書をすると、それなりに語彙の幅は広がってきます。難しい漢字や熟語なども使いこなせるようになります。私たち日本人は会話をしているときでも、音声だけに頼るのではなく、頭の中で漢字変換をしながら話を理解しています。本を読むことで、その漢字が増えていき、それが語彙力になっていきます。

逆に、ある程度の語彙力がなければ、話し言葉を聞いているだけでは何を言っているのかわからなくなることがあります。特に日本語は同音異義語が多いので、語彙力に基づく漢字変換能力がないと、話が通じないということも起きてしまいます。

語彙というと、漢字や四字熟語だけとは限りません。今はコンピュータやインターネット関連などの外来語がますます増えて、意味がわからないとそれらを使いこなせない時代です。また、ニュースなどを見ても、サステナビリティとか、ダイバーシティとか、エビデンスとか、いわゆるカタカナ語が氾濫しています。

それは時代の波なので、ある程度、仕方がないことですが、そうした外来語を日本語に翻訳して理解するという努力を、明治時代に比べておろそかにしている気もします。いちいち訳さずに、そのまま使うほうがわかりやすい場合もありますが、やはりこなれた日本語に置き換えていくほうが、本当にその言葉が意味するものを理解できます。専門用語などについてはいかがですか？

12 専門用語や業界用語を使うことの弊害

自分が本当にわかっているか？　阿川

テレビの仕事を始めたばかりの頃、天気予報を担当することになりました。当時は天気予報士の資格がなくても番組内で天気予報をすることができたのです。むしろ、天気コーナーは、まだスタジオ仕事に慣れない新人アナウンサーの登竜門のような場でもありました。もちろん、気象庁や気象協会の専門家からレクチャーを受け、日々ＦＡＸでデータを送ってもらい、それらのデータをもとに、自分が担当するコーナーの時間内に収まるよう、コメントを自分で作ります。コメントだけではなく、私は手書きの天気図も描いていました。こうして少しずつ、カメラに向かって明晰に言葉を発する訓練をしているつもりでした。

だいぶ天気コメントを言うことに慣れた頃、番組メインキャスターの秋元秀雄さんに呼ばれ、問われました。

「君は『大気が不安定』という言葉をよく使うが、あれはどういう意味だ？」

改めて聞かれると、どう説明していいかわかりません。

「えーと、大気が安定してないってことでありまして……」

「それじゃ説明になっとらん！」

叱られました。また他の日には、

「『梅雨前線』とは、なんだ？」

「いやあ、梅雨の頃の前線？」

必死になって答えを探しながら、なんでこんな質問を改めてされるのだろうかと疑問に思っていたのですが、つまり秋元さんがおっしゃるには、

「専門用語や業界用語というものは、それぞれに業界内では便利だから使うもの。それをろくに理解していないのに、その業界のプロにでもなった気持で『かっこいい』と思って安易に使うのはいかがなものか。知らない人の前で、きちんとしたわかりやすい言葉に変換して説明するだけの理解がなければ、使う資格はない！」

そういうことだったのです。

実際、本当に頭のいい専門家は、めったやたらに専門用語を連発したり難しい言葉を並べたりしないですね。相手が幼稚園生だったら、幼稚園生が理解できる言葉を選び、相手が同じ職種の人であれば、互いに説明不要な言葉を交わして話をするものです。

対話で誰かを仲間外れにしないために ―― 齋藤

普通の人がわかる話し方は大事ですね。専門用語や業界用語を多用すると、「仲間外れ」を作ってしまうことがあります。たとえば四人で対話をするときに、三人が同じ業界の人で、もう一人は別の業界の人だとすると、つい三人が属する業界の専門用語を使って話をしがちですが、それでは残りの一人が仲間外れになりかねません。

大学の授業でもあるのですが、四人一組になったときに、そのうちの三人が知り合いだと、残りの一人はアウェイの立場に置かれてしまいます。そのまま三人が自分たちだけにわかる話をすると、残りの一人はその対話から取り残されてしまいます。こういうときは多数派のうちの一人が仲介役となって、少数派の人にもわかるような話題を取り上げるようにすれば、仲間外れが出なくなります。

わからない人にどういう態度をとるか――阿川

仲間はずれというわけではありませんが、たしかに何人かで話をしているとき、一人だけ無口になってしまう場合があります。黙ってしまう理由はさまざまあると思いますが、その一つが、他の人の話している話題が理解できない、あるいはその話題にまったく関心がわかない、あるいは理解できないことを知られたくないこともあるでしょう。

そういう場面が生じたとき、黙っている人に対してさりげなく、「こういうことがあってね。ちょっとしたニュースにもなったんだけどさ。コトの発端はね……」などと、わかりやすい言葉で説明を始める人がいます。私はそのたびに感動します。その人は決して「え、知らないの?」などと、黙っている人を見下すような態度はとらず、「しょうがねえなあ。ここから説明しなきゃいけないわけ?」などと辟易《へきえき》した様子もなく、いかにも「わかんないよ」と今にもふてくされそうになる人に対して、会話に加わりやすい方向へ招き入れるのです。私はそういう器の大きな人に出会うと、それだけで惚れてしまいます。

Ⅰ章のまとめ

■対話でも目によるコミュニケーションが大事
■相づちがあると、人は安心して話ができる
■ある程度は相手のことを知っておくと対話は深まる
■相手との共通点や接点があると対話を始めやすい
■相手の様子や状況を観察してから対話を始める
■よい対話には回し役や口火役となる人が必要
■オチにつながる前置きを、できれば三十秒程度で
■話すこと、聞くことは三つぐらい用意しておく
■意外性やギャップが話を聞いてもらえるきっかけに
■専門用語や業界用語は仲間外れを作る危険性がある

Ⅱ章

対話を深める

1 「〜と言えば」方式で対話を続ける

「〜と言えば」でどんどん対話が続く　　阿川

もう亡くなられましたが、イラストレーターの長友啓典さんとはゴルフをよくご一緒しました。年齢も仕事も生まれ育ちもまったく違うのに、初対面のときからなぜか気が合って、二人で話し始めるといつまでも止まらなくなり、まわりの人たちから、「あんたたち、なにをそんなにじゃれ合ってるんだ」と飽きられたものです。じゃれ合っていたわけではないのですが、長友さんと話し出すと、どんどん面白くなっていくのです。まるで「お喋りしりとり歌合戦」をしているような気分でした。

たとえば長友さんが「昔、フロリダで交通事故に遭ってな。あわや死にそうになった」という話をなさいます。へええと驚きながら聞き入っているうちに、「フロリダと言えば、私もこんなことがありました」と自分のネタを披露したくなる。「フロリダのレストランに入ったらね……」と。すると今度は長友さんが、「レストランと言えばな……」と、次の話題はレストランで起こった珍事に移り、その話の中にデザートの話が出てくると、「そうそうデザートと言えば、この間ね」と私が引き継いで、また話が広がっていくという具合です。

そんな長友さんとの楽しいやりとりを繰り返して、笑い転げたり驚愕したり、ときにしんみりしたりしているうちに、運転手を務めていた私はつい道を間違えて、ゴルフ場に遅刻したことがありました。周囲はほとほと呆れ、「あんたたち、子どもじゃないんだからね」と叱られましたが、たしかに私はあの瞬間、子ども時代に戻ったかのように嬉しくて、あの会話の妙味は、長友さんとの奇跡の宝物だったと思っています。

「〜と言えば」は相手を肯定すること　　齋藤

「〜と言えば」で盛り上がったんですね！「〜と言えば」方式はキャッチボールのように対話を続けるための実に効果的な技術です。ひとまず相手の話を聞いて、それを「〜と言えば」という言葉で引き取ってから自分の話につなげていく方式です。

まずは相手の話を受け入れることで、相手は自分の話を聞いてもらえたという安心感や満足感を得られます。それによって次は相手の話を聞こうという気持ちや、もっと対話を続けたいという気持ちになります。

つまり、この「〜と言えば」は、「あなたがおっしゃることはわかりました」と肯定や受諾を伝えるサインになるし、「次に私の話ですが」と、今度は自分の話に耳を傾けてもらうきっかけにもなります。

大学の授業でやったことがありますが、四人一組になって、最初の人に十五秒で自由に話をしてもらいます。十五秒経ったら、今度は隣の人が前の人の話の中からある言葉を拾って、「〜と言えば」を挟んで、やはり十五秒で自分の話をします。そうやって「〜と言えば」を挟みながら、十周ぐらい話を回します。

このやり方だと、自分が何を話すか、あらかじめ決めておくことができません。前の人の話を聞いている十五秒の間に、その人の話の中に出てくる言葉と関連する自分のエピソードを思い出して話さなければならないからです。これによって、対話における反射神経のようなものが鍛えられます。学生からは、「最初はきつかったが、とりあえず『〜と言えば』を挟むことで、意外と対話はつながるものだということに驚きました」という感想が多く寄せられました。

こうした授業をしようと思ったのは、フジテレビの『全力!脱力タイムズ』という番組にコメンテーターの一人として出演したのがきっかけです。あの番組ではお笑いタレントなどのゲストの発言に対して、コメンテーターがその話の中に登場するある言葉を拾って、「～と言えば」と言ったうえで、その発言の内容とはまったく関係のない自分の専門分野の知識を延々と話します。「～と言えば」を逆手にとったギャグなのですが、それでも話を続けることができるのが面白いと思いました。

もう一つのきっかけになったのは、その番組よりも前のことですが、ＴＢＳの『あさチャン！』という朝の番組に出演したことでした。そこで私は一年間、司会をしましたが、その日の朝刊を四、五紙並べて主なニュースについてコメントするというコーナーがありました。アナウンサーの井上貴博さんが「この記事はどう思われますか？」と話を振ってくるのに対して、私が何かコメントするという構成でした。

これには事前の打ち合わせがないため、井上さんが何を聞いてくるか私はわかりませんし、私が何と答えるかも井上さんはわかりません。私が聞かれた質問に対してコメントすると、そのコメントの中から井上さんはすぐに言葉を拾って、「～と言えば、このニュースですが」と、実にスムーズに次のニュースにつなげていきます。その流れがあまりに自然なことに、私は驚きました。「すごいね。よく上手につなげられるね」と、番組後に井上さんに感動を伝えたほどです。

この二つの体験がきっかけとなって、もしかしたら練習すれば学生にもできるのではないかと思い立ちました。こうした授業を通じて、「～と言えば」方式を使えば対話はどんどん続いていくことを学生たちに教えたかったのです。

「～と言えば」は対話のオールマイティ――阿川

「～と言えば」は、考えてみると対話における一種のオールマイティですね。藪から棒に話を違う方向に向けるのではなく、「あなたの話をきちんと聞いた上で、というか、あなたの話がヒントになって思い出したのですが……」と語り出せば、相手は悪い気がしないし、気持の流れもスムーズになる。

私がインタビューをするときも、ときに話が脱線したり、自分の聞きたい話題をどう持ち出せばいいかタイミングをつかめないことがあります。そういうとき、相手の話の中で、ちょっとした単語や言葉が救ってくれる場合があるんです。たとえば、お相手の小さい頃の話を聞こうと思っているのに、なかなかそちらに向けられない。そんなとき、仕事の話の合間に、「今度、九州に新たに出店しようと思っております」という一言が出てきたら

それを聞き逃さず、

「九州と言えば、あなたのお生まれは福岡でしたっけ？」

なんて調子にね。こういう流れで話題を変えれば、さほど無理やり感がなく、話し手も自然に心を移すことができるだろうと思います。

「～と言えば」は大人の対話力のバロメーター――齋藤

なるほど、話を戻す時も使えますね。相手の話した言葉から単語を拾って、「～と言えば」という形でとにかく話をつなげられる力、ある意味で、これが大人の対話力だと言えます。子どもには、そうしたことができません。大人の中でもそうしたことができない人がいますが、そういう人は対話に関しては子どもっぽい人だということになります。ですから「大人の対話力＝～と言えば」と、シンプルに定式化してもいいと思います。

「苦手な人と対話するにはどうしたらいいでしょうか？」と質問されることがありますが、そういう人は相手に威圧されて、自由な発言ができないことが苦手と感じる原因になっていることが多いと思います。そういうときは相手が話したことの中から単語や言葉を拾って、「〜と言えば」と挟んで自分の話につなげるようにすれば、かなりストレスが低減されるのではないでしょうか。

「〜と言えば」と言ったからといって、自分の話が必ずしも相手の話の内容を受けていなくても構いません。「〜と言えば」を挟むことで、まずは「あなたのことを肯定しています」と伝えることが大切ですよね。

2 対話における否定をどうとらえるか？

対話を発展させるために「否定」がある ――― **齋藤**

「〜と言えば」方式は対立を生じさせずに、相手の話を徐々にズラしていく対話上の戦術でもあります。日本人の場合、まずは相手の話を肯定することで協調的態度を示し、そこから徐々に自分の意見に持っていくのが精神衛生上もいいのではないでしょうか。

対話を発展させるための方法として、あえて否定的な意見を立てる古代ギリシャ以来の対話術を根底に持つ欧米人に比べ、日本人はどんなことであれ、自分が否定されることを嫌う国民です。

古代ギリシャでは、ソクラテスやプラトンなどによって対話術が発達しました。それを英語で「ダイアローグ」と言いますが、簡単に言ってしまえば、誰かがAと言ったら、別の誰かがとりあえずその反対のBと言って、そこから真実を求めたり、意味を確定したりするための対話が始まります。誰かがAと言ったのに対して他の人もAと言ったら、そこで終わってしまい、話は深まりもしなければ、発展もしません。このように対話とは、古代ギリシャ時代に発達した文化的で知的な討論術の一種なのです。

それが後年、「弁証法」（英語では「ディアレクティック」）に発展しました。これはテーゼと呼ばれる命題があったら、それに対してアンチテーゼと呼ばれる反対の命題を掲げ、対話によってそれを高次のレベルで統一させることで、新しい秩序や価値を生み出すものです。「正―反―合」という形で示されることもあります。

つまり、対話とはそもそも真実を明らかにしたり、何か新しいものを生み出したりするために行うクリエイティブな営為です。そのために、あえて相手が言ったことに対して反論を唱えるわけです。別に相手のことをたたきつぶすために反対のことを言うわけではありません。

ですから反対意見を言う人は本来、よい対話を成立させるための協力者なのです。この、「あえてする否定」というものを日本人は苦手としています。その意味で、日本人には弁証法的な対話というか、あえて矛盾を提示して話を進めるという文化は根づいていないように感じますが、いかがですか？

相手の感情を刺激したくない日本人

阿川　たしかに。よほど相手に腹を立て、組み合って喧嘩でもしてやろうじゃないかという勢いにならないかぎり、日本人は目の前の人と意見や立場が対立していることを、露骨に主張しないほうがいいと思っちゃいますよね。

話の出だしや語尾を曖昧にするのも、そういう気持の表れではないかと。誰かが発言した意見に対し、「私はまったく反対意見です」ときっぱりはっきり断じることをせず、「私はちょっとだけ考えが違いまして」とか「おっしゃることはなるほどと思わないわけではないのですが、ただ一つ……」などと遠慮がちな異論を唱える。よくよく聞いてみれば、「ちょっと」とか「ただ一つ」どころか、ぜんぜん違う意見だったりしますよね。

語尾に「かもしれない」「～と思わなくもない」「～悪いとは言い切れない部分もないわ

けではない」「嫌いではない」「違う？　なんて、思ったりしたりして？」などと、肯定なのか否定なのかわからなくなるほど婉曲話法を多用するのも日本人らしいなと思います。

こういう言い回しを日本人が好む背景には、古来より「村社会で仲間はずれにならないための処世術の一つ」という論拠がよく言われますが、加えて、言語の形成上の問題も関連しているのではないでしょうか。もっとも社会構成があって言葉が形成されたのかもしれないから、どちらが先かはわかりませんが。

大学の言語学の先生の授業で面白い講義がありました。すなわち、「欧米の言葉は、主語の次に、肯定か否定をすぐに持ってこなければならない。好きか嫌いかを、『私は』に続いて即座に決めなければ話ができないつくりになっている。ところが、日本語の場合、肯定か否定かは、言葉の末尾まで決めずにおくことができる。だから、言葉を発しつつ、肯定否定を決めればいい」と。

具体的に例を挙げれば、仕事帰りに上司と一緒に居酒屋へ行きました。「飲み物はなににしましょうか？」と店の人に聞かれ、部下が気をきかせて決めようとするとき、

「やっぱり仕事のあとは、なんたってビール……？」

と、ここまで言ったとき、上司の顔が嬉しそうに緩んだら、そのまま、

「ですよねえ」

と、強く言い切ることができるけれど、

「やっぱり仕事のあとは、なんたってビール……？」

と、ここまで言ったあたりで、やにわに上司の顔が曇り、どうやら同意していない気配を察した途端に部下は、

「なんてのは野暮ですよねえ。やっぱり部長はワインがお好きでしたもんねえ」

と、即座に意見を覆すことができる。つまり、相手の顔色を窺いながら、その場の空気を読みつつ、自分の発言を調整できるのが、日本語である。と、そういうことのようです。

そういう傾向はたしかにあると、自らの言動から思い返してみても、ないわけではないような気がします……かもしれません（笑）。

いい意味で捉えれば、相手の心を慮《おもんぱか》る心配りがあるということになり、悪い意味で解釈すれば、自分の意見はないということになる。でも、言語形成の基本から日本人はそういう言い回しが心地よいと思うのだから、これも文化だなと思えるし、曖昧にしすぎるのもどうかとは思いますが、無理に欧米風に「言い切る！」ことだけを目指す必要はないと思

いますが、いかがでしょうか。極めて曖昧な私です。

自分の主張が弱く、相手に合わせることが上手と言いつつも、その反面、相手の言葉に対して、否定の言葉を持ってくる例も多いと思います。というのも、自分の話で恐縮ですが、私は対談などで人と話をしている途中に、「でも」という接続詞を頻繁に差し挟む癖があります。使っている最中は無意識なので自覚は薄いのですが、あとで会話を活字に起こして読み直すと、やたらと「でも」を連発していることに気づくのです。

私としては、別に相手の発言を否定するつもりはなく、あるいは逆の意見を言いたくて使っているわけではないのですが、なぜか口から出てしまう。

たとえば、相手が、

「私、お菓子が大好きで。一日一個は食べてしまうんです」

その発言に対し、

「でも、そのわりにはぜんぜん太ってらっしゃらないじゃないですか」

この場合の使い方は、悪くない……ですよね？　ところが相手が自分の趣味について楽しそうに語り続けている最中に、

「でも、お仕事のほうはいかがですか？」

そんなふうに聞き手に振られたら、相手は内心で、「ああ、趣味の話は面白くないのか」と小さく傷つくかもしれない。私は別に「面白くない」と思ったわけではなく、仕事の話も聞きたいと思っただけだとしても、相手にはそう捉えられる危険性はあります。

これは自分が語り手になるとよくその心境がわかります。

かつて学生時代の友達で、「そうじゃなくて」という言葉を接頭語代わりに使う人がいました。彼女はたぶん、私の話に少し変化をつけたい、自分自身の言葉で言いたいと思ったのかもしれませんが、最初に「そうじゃなくて」と私の話がさえぎられると、「え、違うの？」とびっくりする。ところがそのあと彼女の話を聞き続けているうち、「結局、私と同意見じゃないか」と気がついてムッとすることがままありました。

あるいは別の友達で、「だから」という言葉が癖になっている人がいました。こちらもおそらく相手を否定する意図はないのでしょうが、言われた側としては、「だから、さっきも言ったでしょ？　聞いてなかったの？」と叱られたような気持になり、あまり気分がよくなかった覚えがあります。

発している側に相手を否定する意志がなくとも、ほんの一言の出だしの言葉や接続詞で、相手の気持を左右してしまうこともあるので、注意しなければいけませんね。

3 「結論ありき」では対話にならない

「はい、わかりました。でも……」の日本人 ―― 阿川

概して日本人はディベートが苦手だと言われます。私自身を含め、日本人は話している相手に自分の意見を否定されると、嫌われたと思いがちです。嫌われたとなれば、その人と話していてもつまらないし、自分のことを否定するのだから、話に付き合う必要はないと思ってしまいます。

アメリカ人に驚かれたことがあります。

「そんなことでいちいちイライラする必要はない。人間は誰だって違う意見を持っている。生まれも育ちも違い、文化も違うのだから意見が合わないのは当たり前。意見が違う前提で対話することが大事なのであって、一度、否定されたからといってふてくされるのは間違いだ」

たしかにおっしゃる通り。でもつい感情が動いてしまいます。

そもそも、こういう受け答えが日本人的なのかもしれません。まず「おっしゃる通り」と相手を肯定しておいて、「でも、そうはいかない」と否定する。

肯定しておいて、否定する。これがどうも欧米人には理解しにくい日本人の性癖だと思われているようです。

「最初にイエスって言ったよね？　そこで交渉は成立したはずだよね？　それなのにバットって、どういうこと？」

これを「イエス、バット話法」というそうです。でも日本人は露骨に相手の意見に反論したくない。反論すると怒り出すかもしれないことを怖れるからです。そこでとりあえず、「わかります、わかります」と相手を理解している態度を示しておいて、そのあとで、少しずつこちらの主張を出していく、という方法が礼儀正しい「お付き合いの方法」であると思っているきらいがありますよね。

反対意見からも気づきが生まれる ―― 齋藤

たしかに、共感がマナーになっていますね。日本人にとっては、反対意見を言うことはそれだけで対立だととらえられてしまいます。反対意見を言われた途端に「この人は敵だ」ということになり、相手の話を聞こうとしなくなります。日本人は否定というものをクリエイティブな知的行為だと思わず、単なる感情的な問題としてとらえがちなところがあります。

対話というのは本来、二人以上で協力し合って何かを生み出すための協力的な活動です。対話の中で相手と反対の意見を言っても、それは何かを生み出すためのものです。

テレビの討論番組などを見ていても二種類あります。一つは相手の反対意見から「気づき」を得て、そこから新たに対話を展開していくものです。それに対して、お互いに言いたいことをぶつけ合うだけで、何の気づきもなく終わる討論もありますよね？

人の話を聞かない「結論ありき」の人たち——阿川

そういえば、私が司会を務めている『ビートたけしのＴＶタックル』でも、ときどきそういう論者を見かけます。時間が限られているせいもあるでしょうが、とにかく自分の主張だけを声高に言い放つ。他の論者が間で何を反論しようとめげることなく言い続ける。

ときに他の人に「ぜんぜん論理的じゃないぞ」とか「まったく馬鹿げた意見だ！」と完全否定されたりすると、急に怒り出して、「なにを！」と血相が変わったりするのです。

まあ、『TVタックル』は、そういうまことに人間的な本質が見え隠れするところが面白いので、論者の皆様には大いに感情的になっていただくよう、司会者が煽っているときもありますが、これをディベートというかと言えば、はなはだ怪しい。

ときどき思うのですが、人の話にまったく耳を貸そうとしない人は、おそらく最初から他の人の意見を取り入れようという気がなくて、自分自身の中で結論が出ているのではないでしょうか。結論ありきで人と意見交換をしようとしても、発見も気づきもありません。だいたい自分の意見はこういうふうに固めてあるが、なるほど他の人の意見を聞いてみたら、それも一理ある。自分の思い込みだと気がついたと、修正する人はめったにいない。

省庁が主催する「○○審議会」という場にかつて出席したことがあるのですが、驚きました。

いくつかの案件について、担当者からの報告が行われ、続いて、出席した審議委員は「ご意見」を問われます。

「今の報告について、ご意見がございますか」

そこで、一人ずつ、それぞれの意見を発表します。そこには「賛成論者」もいれば「いささか反対方向」の意見を唱える人もいる。新たなアイデアを申し出る人もいる。しかし、ひととおり全員の発言が終わったところで、

「それでは、この案件については、ご承認いただけますでしょうか」

司会者の促しを受け、全員が、「うむ」と頷くか、あるいは拍手を送るか。それでおしまい。

「え？　さっきの皆さんの意見やアイデアはどうなるの？」

そう思ったのですが、それぞれの意見をもとに話が発展的に広がる気配はまったくなく、次の案件に移っていきました。

これはどういうことなのか。これで「審議」を深くしたということになるのか。私にはいまだに理解できません。せっかく発言したことが、否定されたのならともかく、まったく無視されるとしたら、出席する意味はないと思い、その審議会以来、その手の審議会には出席しないことに決めました。まさに「結論ありき」の意見交換会でした。

結論やゴールが見えないからこそ対話が必要 ―― 齋藤

初めから「結論ありき」では、たしかに対話になりませんね。対話というのは本来、結論がどうなるかわからない、ゴールが見えていない状態でやるものです。

というのも、対話は日常会話と違い、やはり何かを生み出したい、問題を発見して解決したいという意思に基づいて行われるものだからです。そのためには、あらかじめ結論を決めずに、「そういう意見があるなら、こうしたらどうだろうか」と話し合って結論を得るのでなくては意味がありません。

4 対話を活性化させるいい質問とは？

なるべく具体的なことを質問する ―― 齋藤

「質問は鍛えれば誰でもうまくなる」ということをテーマにした『質問力』という本を書いたことがあります。そこでも強調しているのですが、「いい質問」とは、具体的かつ本質的な質問のことです。

わかりやすく言えば、対話の相手が話したいと思っていること、気になっていることについて具体的に聞いてあげるということです。話したいことを高いところに貯えられた水にたとえると、そこに水路をつけるような質問をすれば、相手は流れるような感じで答えてくれます。

たとえば、対話の相手に子どもの受験の結果について聞く場合、その子どもが試験に落ちていたら相手は話したくないのが当然です。その反対に試験に受かったことがわかっている場合は、「おめでとうございます。どんな学校なのですか?」と聞けば、ダーッとよどみなく話してくれるはずです。

つまり、ある程度は相手の状況や興味、関心などについて把握しておいたほうが、いい質問になる可能性が高まるということです。私の場合は犬を飼っているので、犬について聞かれるとつい話したくなります。相手も犬好きであれば、それについて話すことで対話は大いに盛り上がります。

抽象的な質問では、あっという間に対話が終わってしまうことがあります。それに対して具体的な質問であれば、対話が深まる道が開かれます。また具体的な質問は、相手もそれに焦点を合わせることができるので、より話しやすくなります。

この人にも小学生だった時代があるはず　　阿川

私の仕事柄、さまざまな職種やジャンルの方とお会いして、インタビューしなければいけない立場にあります。でも正直なところ、どのジャンルの方にお会いしても、「この分野に関しては私も詳しいのよ」と余裕を持ってインタビューのできる相手はほとんどいません。

たとえば私は子どもの頃から、スポーツはするものであって、観るものではないと考えていたほどスポーツが好きでした。でもあまり観戦した経験がなかったので、スポーツ選手に会うときは、そのスポーツのルールから勉強し、歴史や数々の名試合や名シーンについても記憶に留めなければなりません。最初の頃は必死に頭に詰め込んで、いかにも「あなたが出場したあの試合は素晴らしい成績でしたね」などとわかったふりをして質問をしていたのですが、これは逆効果でした。なぜなら、聞かれる側は、どんなに「わかったふり」をして質問されても、すぐに「あ、こいつは僕の試合、あんまり観てないな」ということに敏感に気づいてしまうからです。

一度、失敗したことがあります。若貴ブームの頃、貴乃花関にお会いしました。当然、相撲についてよく知らなかった私は、当日の明け方までまさに受験生状態。使い慣れない相撲用語も頭に詰め込んで、いざ本番へ突入し、しかしそれなりに順当にインタビューは進んでいきました。いろいろ話を伺って、驚いたり納得したりして、最後に一言、質問をしました。

「では最後に、来場所への抱負を伺えますか?」

すると、それまで実に真剣な表情で訥々《とつとつ》と答えてくださっていた貴乃花関が、「プッ」と吹き出したのです。その日、初めて見せた笑い顔でした。私は戸惑って、「どうして笑うんですか?」と訊ねたら、「だって阿川さん、相撲の質問なんか、するんだもの」と。

つまり、私はそれまでの二時間近くの対談で、貴乃花関にとってのまともな相撲の質問は一つもしていなかったということです。ああ、このインタビュアーは相撲、知らないなと、最初から気づいていたのでしょう。その無知な私が初めて相撲記者のような質問をしたので、可笑しかったらしいです。

それ以来、私は背伸びをするのを止めました。もちろんお相手に失礼のないよう最低限の事前勉強は必要です。でも、何十年も前から知っていましたというような「知ったかぶり」をするのは止めて、「勉強したのですが、よくわかりません」という部分は正直に、勇気をふるって、言います。その上で、「その専門世界について知らなくても興味の湧く質問」をするように心がけます。なぜなら、どんなに素晴らしい成績を残した選手であろうと、嬉しかったり悔しかったりつらかったりする気持はあるはずで、その気持の原点を探ろうとするためには、人間として接する必要があると思うからです。

ときどき、「萎縮してしまうほど怖い人とか、緊張する人に会うときは、どうするのですか？」と聞かれることがあります。私もたしかに「今回こそは怖くて帰りたい」と思うことがあります。そういうとき、自分に言い聞かせるのです。

「この方にも、小学生だった時代があるはず」

今は怖い顔をしているし、偉すぎて声をかけるのも憚《はばか》られるけれど、でも小学生からこうだったわけではない。当時から飛び抜けて頭がよかったかもしれないし、逆にまったく目立たず、大人しい子だったかもしれない。小学生の頃、どんな少年少女であったかを想像したら、その人の原点を知ることができるし、もしかするとおおいなる意外性を発見できるかもしれない。そう思えば質問をしやすくなると思ったのです。まあ、これは一種、私のおまじないのようなものです。

対話中に相手に質問しないのは失礼 ―――― 齋藤

「質問をしやすくなるおまじない」というのはいいですね。

相手に対してまったく質問をしない人がいます。そういう人は相手の存在や話に関心がないように見えてしまいます。

たとえば、マッチングアプリのようなものを利用して出会った男女が、初めてデートした場面を想像してみましょう。男性が女性にいくつか質問したのに対して、女性のほうは男性にまったく質問しなければ、その女性はその男性に対して興味や関心がないのだと判断できます。

実際に会ったら気に入らなかったと言えばそれまでですが、気に入らないなら入らないなりに、その場ではそれなりの質問をして取り繕って、次は会わないということにしたらいいのではないでしょうか。大人なのですから、その程度の社会性はマナーの一環としてあってもいいはずです。

社会的に偉いとされている人の中には結構、質問しないタイプの人がいます。以前、ある高名な方との対談本を作る企画があり、六、七時間、対談したのですが、その間に一度もその人から質問されませんでした。私のほうからはかなりの数の質問をしたのですが、相手のほうは私に対して一個も質問をしません。そのときは、世の中にはそういう人もいるのだろうと割り切って対応することにしました。いずれにしろ、お互いの質問の量や内容のバランスが悪い場合は、その関係がうまくいっていないと思います。

相手に質問しない人の中には、自分が話すことに一生懸命になりすぎて、相手のことにまで気が回らないという人もいます。「経営の神様」と呼ばれた松下幸之助さんがある会社に案内されたときの話ですが、その会社の社長さんは自社の工場のことばかり松下さんに説明しました。そのうち時間が来たのですが、帰りがけに松下さんは、「なぜ、あの社長は私に質問しないのだろう？」と不思議に思ったそうです。せっかく自分が来たのだから自社の説明ばかりしていないで、経営について悩んでいることを質問してくれたほうが有意義だったろうに、と感じたのでしょう。

この場合は松下幸之助さんを前にして、その社長が極度に緊張していたということもあるかもしれません。あるいは質問をすると失礼になると思ったのかもしれません。その社長さんだけでなく、偉い人や大御所に対して質問をするのが失礼なことだと思っている人が結構います。しかし、質問すること自体は別に失礼なことではありません。むしろ、まったく質問しないほうがかえって失礼になることがあります。

5 自分のことを客観的に語れるか？

モテたければ自慢話をしない ―― 阿川

以前、漫画家でエッセイストの東海林さだおさんにお会いしたときのこと。「人の話の八十パーセントは自慢と愚痴だ」とおっしゃって、大笑いしたことがありました。「本当ですかあ？」と疑いましたが、その後、いろいろな人に会って話をしてみると、八十パーセントとまでは言わずとも、たしかに自慢話は多いものだと納得しました。

もっとも、言っている本人が「自慢」だと自覚していない場合が多々あります。現に私もよくそういう発言をしているらしく、あるときそれこそ東海林さんの前で、「対談で山本夏彦さんにお会いしたら、『この対談連載、何年続いてるの？』と聞かれ、『七年です』って答えたら、『よく頑張って続けてるね』って褒めてくださるかと思ったら、『学習しない人だねえ』って呆れられました」

そんな話をして、私は東海林さんに笑ってもらいたかったのです。七年も続けているのにまったく学習の跡が見られないと我が身の本質を突かれてしまった話をしたかったのですが、東海林さんはボソッと、

「それって、自慢?」

いえいえ、決して仕事が長く続いていることを誇るつもりはありませんでした。でも考えてみれば、そういう小さな魂胆がなかったかといえば、嘘になるかもしれません。

ちなみにその対談連載は、今年で三十年目になりました。これって自慢? ですよね。

人は概して、自分を知ってほしいと思うあまり、自分の身に起こった過去の「いい話」をしたがります。それは決して自慢したいわけではなく、その「いい話」の感動を相手に理解してほしいと思うがゆえ。あるいは、自分が成果を上げたことはさておいて、そのときに起こった面白い話をしたいがゆえ。そして互いの親交が少しでも深まればいいと考えるものです。でも相手はその話を聞いて、心の底から「ステキ!」と思う場合もあるでしょうけれど、「なんだ、結局、自慢したかったのね」と意地悪な印象を持ってしまうかもしれません。

石田純一さんにインタビューをしたときのこと。当時はとにかくモテモテで、俳優としても個人としても注目を浴びていた時代です。そこで私は質問しました。

「若い女の子にモテるためには、何が必要ですか？」

するると石田さんは悪びれる様子もなく、

「まず、話を聞くことだと思う」

石田さんいわく、オジサンは、若い女の子に会うと、嫌われたくない気持を持つと同時に、つい先輩風を吹かせたくなる。そして自己紹介代わりと思うのか、自分が仕事でどんな実績を上げてきたか、どういう仕事をして成功を勝ち取ってきたか、あるいは自分の仕事の内容について知っている知識などを懸命になって女の子に聞かせようとする。でも、女の子は、そんな自慢話にまったく興味がない。つまんないのーと思って、ご飯だけご馳走になって二度と会ってくれなくなる。しかし、石田さんは自分の仕事の話を最初にはしないことにしているそうです。それより、その女の子が今、悩んでいることや、将来、やってみたいことについていろいろ質問をする。すると彼女は自分の話を親身に聞いてくれるから、いくらでも会話が途切れない。ひととおり、彼女の考えや言葉を受けたあとなら、たとえば「私、本当はスタイリストになりたいんです」と言ってきたら、「僕の友達にステキな金持ちのスタイリストがいてね」と、そこから先に、もしかして石田さんの自慢に繋がるような話になったとしても、女の子にとって関心の高い話なら、いくらでも耳を貸してくれるようになるだろうと。なるほどモテる男は、聞く力があるのだと感服したことがあります。

自慢話も失敗談も使い方次第 ――― 齋藤

それはヒントになりますね。自慢話に関してですが、自画自賛はその人の健康にとっていいというのが私の持論です。日本人は自慢することについて、もっと寛容であっていいと思っています。

授業や講演会などで四人一組になって、一人一分間ずつ思いっ切り自慢話をしてもらったことがあります。すると、メンバー同士の仲がものすごくよくなります。全員が同じ時間だけ平等に自慢話をするので、相手の自慢話も心地よく聞くことができます。

結局、自慢話が嫌われるのは、一人だけが延々と自慢話を続けて、他の人はそれを聞かざるを得ないからです。それで不快な気持ちになるわけです。

自画自賛は自己肯定にもつながるので、精神衛生的にもいい。いっそのこと自慢話をゲーム化して、参加者全員が自慢話だけをする「自画自賛力」大会でも開催したら面白いと思います。そこで肝心なことは、その自慢話がたいしたものでなくても、みんなで「ほーっ」と感心して聞くということです。

自慢話の、いわば対極にあるのが失敗談です。失敗談と言うと、悲しかったり、恥ずかしかったりするのが一般的ですが、適度な失敗談を持っていることは対話を盛り上げるうえで有効です。もちろん、それがあまりにも悲惨な話だと聞いているほうが引いてしまいますが、人に披露できる程度の失敗談、たとえば自分の中ですでに笑い話になっている失恋話とか、仕事でやってしまった笑える失敗談とか、そういうネタをいくつか持っていると、対話の場で人気が出やすくなります。

つらい経験や失敗談が持ちネタになる　阿川

私も、失敗談や悲しい経験は、いずれ必ず笑いネタになると信じている者の一人です。実際、旅がそうですものね。何の事件も起こらなかった旅から帰ってくると、そういう旅はすぐに記憶から消えてしまう。友達に話しても、あまり喜んでもらえない。でも、空港でスーツケースを紛失したとか、スリに遭ったとか、とんでもなく不味いものを食べたとか、そういう話を帰ってきてからすると、みんな身を乗り出して聞いてくれるし、自分自身もそういう酷い目に遭った旅のことは生涯、忘れない。ことほど左様に人生も、死なない程度に酷い目にたくさん遭っておくと、のちのち笑い話になって、老人ホームに入ったとき人気者になれますよと、酷い目に遭って嘆いている人にはそう言ってなぐさめることにしています。

あと、つらい経験や失敗談をあちこちで披露するうちに、我が身のことながらしだいに客観的な視点が生まれるんですね。被害者意識は薄れていき、面白いと思えるようになる。そうなったらもう勝ちです。人に話すことによって、自分だけが酷い目に遭っているわけではないと気づいて、だんだん元気が出てくるし、ましてその話がまわりにウケれば、もっとウケるように話そうと思って技が磨かれていく。まさにそれこそが、「持ちネタ」となった瞬間だと思います。

同情をアテにした話は敬遠される　――　齋藤

距離が近づく感じがしますね。相手の反応によって、自分の話が磨かれていくということはあります。学生の話を聞いていても思うのですが、高校時代に好きな人に振られたという話は概してウケがいいです。「クリスマスに告白しようと思い、遊園地にデートに誘った。観覧車が一番上まで来たところで告白したら断られた」というような話は、本人にとっては痛い思い出話ですが、それが客観的な視点で語られたエピソードであると、いわゆる「あるある」ネタとして人は面白く聞いてくれます。

話の上手な人というのは、自分のことを客観視して話すことができる人だと思います。自分を客観視するとは、かわいそうと思ってもらおうとして相手にすがったり、寄りかかったりしないということです。それでは、どうしても話が重くなります。つらいことや悲しいことでも、それが一つのエピソードとして自分の中で客観視されていれば、相手も暗い気持ちにならずにその話を聞くことができます。明らかに同情を引こうとしているように聞こえる話は、やはり敬遠されます。

自分の不幸で暗い気持にさせたくない――阿川

自分の不幸な話によって、相手を暗い気持にさせたくないと思うがゆえ、自分の不幸話を笑いながら話すのは、日本人特有の、相手まで不幸に巻き込みたくないという対人への思いやりだと聞いたことがあります。

これは芥川龍之介の『手巾《ハンケチ》』という短編に書かれている話ですが、息子の死を知らせにきた母親の態度が、一見すると少しも自分の息子を失った悲しみに満ちていない。涙も見せず、声も淡々としていて、口角には笑みさえ浮かんでいる。まるで日常のことを語っているかのようだと、主人公の大学教授はいぶかしく感じます。

ところが、教授が床の上に落ちた団扇を拾おうとして身をかがめたとき、テーブルの下の母親の膝が目に入る。母親は膝の上でハンカチを握っていたのですが、その手が激しく震え、ハンカチは引き裂かれんばかりにきつく握りしめられていた。つまり母親は、顔でこそ平静に、微笑みを浮かべるほど淡々としていたけれど、全身で激しく悲しんでいたことを、教授はそのとき理解するのです。

私はこの話を読んだとき、なるほどと合点しました。自然災害のニュースを見ていても、同じような場面にちょくちょく出くわします。日本人は災害に遭ったとき、なんでこんなに笑っていられるのかと驚きます。火山の噴火で自分のキャベツ畑がすべて灰に覆われて、「いやあ、全滅全滅。これじゃ売り物にならんもんね」とヘラヘラ笑っているキャベツ農家のおじさん。台風で水かさが増し、半地下にあった店の商品がすべて水浸しになった商店をテレビ記者が訪れると、「酷い目に遭っちゃったよ。お、そこ滑るから、気をつけて」と記者を気遣いながら、半笑いをしている店主。

もちろん家族を失ったり家が流されたりして、途方に暮れている人の悲しい表情を目の当たりにすることもありますが、概して自然災害に対し、日本人は寛容な気がします。しかたがない。誰を恨んでも始まらない。そんな諦めの気持とともに、相手に不幸を伝染させまい。加えて笑うことで自分の不幸をなんとか吹き飛ばしたいという気持があるのかもしれません。不幸を背負うと、反射的に笑おうとする遺伝子が、日本人の心のどこかに引き継がれているように思います。

6 スベるリスクを負っても笑えるネタを！

リアクションが話す勇気を保証する　齋藤

対話の中に笑いを持ち込もうとする人を、私は「勇者」だと思っています。スベることを恐れずに人が笑ってくれそうな話に果敢にチャレンジしているわけですから、勇者以外の何者でもありません。

スベることを恐れて笑える話にチャレンジしなくなると、その対話は落ち着いたものになりますが、面白みに欠けます。スベるリスクを負ってでも勇気を持って笑いにチャレンジすることが、対話を充実させることにもつながります。

コミュニケーションのレッスンの一環として、誰かが面白い話をしたら、実際には面白くなくても、リアクションとして必ず笑うというルールを課すことがあります。それは人の話を聞いて笑わないほうが悪い、話が面白いかどうかはリアクションが決めるという考え方に基づくものです。そういうルールを決めておけば、みんなが安心して笑える話に挑むことができます。

私が教えている学生の多くは、教員志望です。実際に学校で教えることになったときは、生徒たちの話に対してリアクションをとらなければなりません。そのための訓練としてやっていますが、人の話を聞いて笑うということは、要するに人の話を肯定的に受け止めるということです。そうすることで誰もが話しやすくなります。リアクションが、相手の話す勇気を保証することになるのです。

ウケなくてはいけないという強迫観念　阿川

大阪のお笑い文化が全国に浸透して久しいですが、おかげで一般の人の間でも、「ウケなきゃ話をする資格はない」と思っている人が増えているようですね。最近は、「オチハラ」と言って、「話にオチがないとバカにされる」というプレッシャーに怯《おび》えているという話も聞きました。東京の人間にとっては、そんなに上手に話せないから負担になるのでしょう。

実際、大阪の電車に乗ると、普通の中学生や高校生が話しているのを聞くだけで、「大阪人は全員、漫才師か!?」と思うほど面白いやりとりが飛び交っていたのに驚いたことがあります。これは大阪人の持って生まれた能力なのか、あるいは環境のなせる技なのか、わかりませんが、あのテンポと頭の回転には恐れ入ります。

以前、東京で仕事を始めた大阪人が、「東京の人と話をしていると、オチがないのに終わっちゃうの。これ、どこでウケればええねん？ って、最初の頃はひどく戸惑いました」と言っていました。やっぱりオチがない会話は「ありえへん」のでしょうね。

大阪人に学ぶボケとツッコミ　　齋藤

大阪では、いわゆる「ボケ」と「ツッコミ」が日常の対話の中で当たり前になっているので、笑いが起こりやすいということがあると思います。誰かがボケたら、誰かがそれを拾ってツッコミを入れてくれます。そこで面白い対話が成立します。

しかし、もっとよく観察すると、そもそもボケに対する対応の仕方が大阪と東京では違います。大阪の芸人さんに聞くと、大阪ではボケた瞬間に観客がドッと笑ってくれると言います。東京ではボケのあとにツッコミが入って、そこでようやく笑いが起きるそうです。

なぜだろうと考えたのですが、やはり大阪の人は普段からボケのほうに自分の立場を置いているのだと思います。ですから誰かがボケた瞬間に、すぐに笑うことができます。

それに対して東京の人は、普段から自分をツッコミの「常識」側に置いているのだと思います。そのためボケそのものに対してではなく、ボケを受けたうえでのヒネリの効いたツッコミを喜びます。

大阪の人はとにかくボケて笑われたい、できることならボケて、ボケてボケ倒したいと思っているのに対して、東京の人は鋭いツッコミで笑わせることに関心があるのだと思います。東京ではボケよりもツッコミのほうが意外と人気があるかもしれません。

7 正論を振りかざして説教したがる人

説教が成立しにくい時代に ―― 齋藤

世の中には、何かと言うと説教したがる人がいます。はっきり言って、今は正面切って説教してても受け入れてもらえない時代になってきました。以前であれば、たしかに「説教名人」と呼ばれるような人がいて、それなりに耳を傾ける価値がありました。

説教が効果を持つためには、ある程度、文化的な価値観や社会的な常識などが共有されていなければなりません。しかし、今はさまざまなものが変化する中で、そうした前提も崩れつつあります。それだけ説教が成立しにくい時代だと言えます。

説教する人が根拠にしているのは、いわゆる「正論」です。やたらと説教したがる人というのは、やたらと正論を振りかざす人だと言うこともできます。しかし、現実問題として正論ばかり押し付けられると、それを聞かされる側としては「それはそうかもしれないけれど……」と心の中でうんざりして、返す言葉がなくなってしまいます。裏を返せば、正論とは相手が反論しにくい当たり前のことを言うことです。

そういう人に対しては寅《とら》さんの名セリフの「それを言っちゃおしめぇよ」ではありませんが、「それを言ってしまうと、そこで話が終わってしまいます」と、言いたくなります。というのも、正論を言うことで対話という運動が止まってしまうことになりかねないからです。

よい対話にするためには、Aという意見があり、Bという見方があり、Cという方向性がありといった具合に、多様な要素が必要です。それがAという正論しかないということになると、「はい、その通りです」と、そこで対話が終わってしまいます。

今、YouTubeなどのメディアで人気があるのは、真正面から正論を言わないというスタンスをとっているユーチューバーやコンテンツです。真正面からではなく、角度をつけた意見を言う人がもてはやされています。

基本的には好きな人だけが見るというYouTubeなどに対して、より一般性の高いテレビなどに出演しているコメンテーターは、その塩梅が難しい。角度をつけた意見があったとしても、それをそのまま発信してしまうと、誤解されたり、炎上したりする恐れがあるので、正論は何割、角度をつけた意見は何割という具合にバランスをとって発言したほうが無難です。

変な言い方になるかもしれませんが、やたらと正論を振りかざす人に対しては、その人を持ち上げてどこかに行ってもらうということが現実的な対処法かもしれません。船にたとえると、思いっ切りエンジンを回転させて、そのまま勢いよく港から船出してもらうというイメージです。

「おっしゃる通りです。では、また」という感じで、こちらが納得したという態度を一度示せば、それで喜んで切り上げてくれるのではないでしょうか？

説教や正論を笑いに持っていく――阿川

でも、正論はやはり正論なので、面白くはないけれど、「正しい」という事実は否めない。対話はそこでストップしてしまうかもしれませんが、「この論議をまとめたい」という衝動に駆られる知識人は、正論や説教を言って結論に持っていきたいと思うのでしょう。そういう人はきっと「俺は正しいのだ！」という自信に満ちて発言するでしょうから、つまりドヤ顔になっているに違いない。となると、私はその顔を見るだけで、発言の内容はともかく、つい茶化したくなってしまいます。でも、この「正論や説教をしている人を茶化す」というのも、気をつけないと、本気で怒られます。

「そうやって大人を茶化すもんじゃない！」

若い頃から何度、叱られたことでしょう。でも茶化してみたい。だから私は、正論や説教が始まったら、真摯な面持ちで聞きつつ、そっと周囲を窺い、目が合った人とクスッと笑ったり肩をすくめてみせます。耳では真面目に聞きながら（実際、真面目に聞くべき正論もときにはありますから）、聞いている者同士がこっそりクスッと笑い合うことで、その場の緊張感や嫌悪感がすぐに吹っ飛びます、……と思います。

8 話がズレたり、別の方向に行ったとき

ズレていることを指摘しない ――― 齋藤

たしかに阿川さんは笑いにもっていくのがお上手ですよね。

誰かと話をしていると、あちこちに話が分岐したり、テーマからズレていくことがあります。雑談のような場合はそれはそれで面白いのですが、会議や打ち合わせなどで何かを決めなくてはならないようなときは、そのままにしてはおけません。適当なところで軌道修正して、本来のテーマに戻す必要があります。

話を元に戻すということで思い出すのは、所ジョージさんです。昔、ラジオで『所ジョージのオールナイトニッポン』という深夜番組があり、よく聴いていました。その中に所さんが一週間の出来事をものすごい勢いで話すというコーナーがありました。話があっちへこっちへと枝分かれしていくのですが、いつの間にかきちんと本筋に戻ってきます。その戻しの見事さに、所さんというのはものすごく頭がいい人だと感動しました。

今、テレビの仕事などで所さんと一緒になることがありますが、所さんがＭＣだと収録

がとても短くなります。というのも、どのへんまで話が枝分かれしても大丈夫か、どのあたりで話を回収して元に戻さなくてはいけないかということがわかっているからです。所さんのような人が一人いると、対話は実に面白いものになっていきます。

相手の話がズレている場合、一般的には二つの対処法が考えられます。一つはズレていることを指摘するやり方、もう一つはそれを指摘しないやり方です。私自身は後者のやり方をとっています。「本題に戻しますが」などと言うと、言われたほうはかなりイヤな気分になると思います。

理想的だと思うのは、その人がそれと気づかないうちに軌道修正してしまうことです。対話中にどんどん話がズレていく人というのは、そもそも言葉に対するセンスや繊細さに乏しい人だと思います。ですから、こちらが軌道修正しても、あまり気づかないのではないでしょうか。もし気づいたとしても、それで不愉快になったり、怒ったりすることはないと思います。

よくよく考えてみると、話がズレたり、別の方向に行ったりするのは、そうなるきっかけとなるような質問があったはずです。その質問に答えようとして、話がズレ始めてしまったポイントがあります。

そういうときは、その質問をいったん保留にして、「もしこういうことだったとしたら、こうなりますよね」と、あらかじめ回答をセットにして示してやるという方法をとることがあります。

たとえば大学の授業で、私の質問に対して学生がズレた回答をした場合、その回答が正しい答えになるような質問を考えて、「○○という質問だとまさにそれが正解！」と言います。当初の質問に対する答えがズレていたことを理解してもらうという方法です。そうすれば、ズレていることをあからさまに指摘しなくても済みますよね？

キーとなる単語を使って元に戻す――阿川

たしかにインタビューなどをしていると、相手の話があらぬ方向へ行ってしまうことがあります。でも私も齋藤先生と同じで、「ズレましたよ！」と直截的に指摘することはできないかも。

というか、ズレてさらに面白い話に広がることもあるので、しばらくは様子見をします。

私が当初、聞きたい内容より、もしかしてズレた先のほうに面白い宝物が埋まっているかもしれないからです。実際、そういうことはありました。事前に予定していた話題より、ひょんなきっかけで飛び出した話が面白く、そちらがインタビューのメインになったことは何度もあります。

ただ、しばらく様子見をしてみても、どうも話を戻したほうがいいと思い始めたら、私は相手が話している内容をよく聞きながら、ヒントになる言葉を探します。

もちろん、無理やり軌道修正をする手立てもあります。「さて」とか、「話は戻りますが」とか、「ちょっと話が変わりますけど」とか、なるべくさりげなく修正することもあります。でも、できれば相手の話の流れに沿って、相手が気づかないうちに軌道修正ができれば、それに越したことはない。そこで、話の中からキーとなる言葉を探します。

たとえば、相手が「家族でこの間、北海道へ旅をしてきたんですがね」というセンテンスが出てきたら、すかさず、「そうそう、旅と言えば、お若い頃に世界中をヒッチハイクして旅をされたんですよね。何カ国ぐらい回られたんですか？」といった具合に、新たな質問に切り替えてしまう。そうすれば、相手はそれまで一応、旅の話をしていたので、突拍子もなく頭のスイッチを切り替えるほどではなく、私の質問に沿って答えてくれることになります。相手の話をよく聞いていれば、かならずキーとなるべき言葉は出てくるものです。

9　沈黙や同じ話を繰り返すときの対処法

相手が沈黙しても無理に続きを催促しない――阿川

対話中に相手が沈黙した場合、それが一対一のときは、あまり焦らないことにしています。おそらく、その人なりの話すテンポとかリズムがあるだろうし、沈黙している理由が「黙りたい」わけではなく、一生懸命に次の言葉を探すための時間だったりすることがあるからです。もちろん、少し「黙りたい」という理由だとしても、その人の心に沿うことが大事だろうと思ったら、私もじっと黙ってその時間を過ごします。

もちろん、具合が悪くなったとか、急に悲しい気持になったとか、特別の理由がありそうに察したら、「どうかなさいましたか？」と問いかけることも必要です。そういう判断は、言葉だけでなく、表情や仕草、目の動きなどを観察することが大事でしょう。

沈黙といえば、よくタクシーや電車の中で、ふと沈黙が訪れてしまうことがあります。なんだか居心地が悪くなったなと思い、無理やり話題を振ることもありますが、もしかすると、相手は疲れて眠くなっているかもしれません。そういうときも、チラチラと相手の顔色を窺って、ここはずっと黙っていたほうがよさそうだと思ったら、私もそっと目をつむることにしています。眠いのに相手に延々と話しかけられて、答えなければならないのはつらいものです。

ときどき、同乗した相手の話がずっと続くのに疲れてきたときは、さりげなく目を閉じて、また開けて、またつむる。それを繰り返していると、相手も「あ、眠いんだな」と察して黙ってくれることがあります。申し訳ないけれど、そういうズルを使うときもあります。

同じ話を繰り返す人は古典芸能だと思う ―――― 齋藤

沈黙に至った状況にもよりますが、対話をしているうちに本当に語り合う話題がなくなってしまった、尽きてしまったというケースもあると思います。そういう場合は今でしたら、「最近、YouTubeで見ているのはこれです」と、スマホを取り出して見せるという方法も考えられます。そこから新たな対話が始まることもあり得ます。

車の中での沈黙という問題は、私自身も経験しています。講演などで地方に出かけたときに、最寄りの駅や空港から会場まで車で一時間くらいかかる場合があります。そのときに迎えに来てくれた関係者の方と、車の中で講演会の内容についてあまり話し込んでしまうと、実際の講演の際にテンションが下がることがあります。そういう場合は、車に乗った最初の五分ほどの間に雑談などをして関係性を築いておいてから、「では、少し休ませてもらいます」と断って休むこともあります。

同じ話を何度も繰り返す人がいます。「それ、以前にも聞きました」と言うのもなんですよね。私は同じ話を繰り返されても、基本的には初めて聞くような態度でその話を聞くようにしています。私の母などは、だいたい同じ話をしていました。それも何十年も前の話なのですが、それに対して「その話は前にも聞いた」と言うと、母には話すことがなくなってしまいます。

そういう人は、学校の校内放送のようなものだと思えばいいのではないでしょうか。学校の校内放送は時間になると「給食です」とか、「下校の時間です」とか、決まったフレーズを繰り返します。あれと同じようなものだと思うのです。

何度も繰り返される話に対しては、落語のような古典芸能の一種として楽しむという対処法もあります。むしろこちらから、「あの話、またお願いします」と水を向けてみてはどうでしょうか。それで相手がその話を始めたら、「待ってました」と合いの手を入れて盛り上げるのも面白いと思います。

大学の教え子たちと卒業後に会うことがありますが、その中の一人に中学校で教師をしている人がいます。学校でこんなことがあったと話すのですが、その話が面白くて、何度同じ話を聞いても飽きません。みんなで集まったときに、「また、あの話をお願いします」とこちらから頼んで話をしてもらうくらいです。話すほうも初めて話すように話すし、聞くほうも「ほー」と言いながら初めて聞くように聞くので、もはや完全に古典落語化しています。

10 乱用される敬語「させていただく」

「させていただく」はファミレスから!?

阿川

敬語の正しい使い方に関して、偉そうに言える立場にはありませんが、それにしても今の時代、敬語と謙譲語と丁寧語がごちゃごちゃになっているような気がしてなりません。

六本木のミッドタウンが出来たばかりの頃、タクシーを拾い、「ミッドタウンに行っていただきたいのですが、わかります?」と運転手さんに訊ねたら、

「あ、ミッドタウンはご存じありません」

と言われて、思わず笑ってしまいました。運転手さんは礼儀正しい若者で、決して悪気はないのでしょうが、どうやら敬語と謙譲語をはき違えているようです。

あるいはある会社に電話して、「○○さんはいらっしゃいますか?」と聞くと、「○○部長はいらっしゃいません。失礼ですが……」と聞き返されました。

「失礼ですが……」で止められると、かえって失礼ですよね。ちゃんと「どちら様ですか?」と聞かれれば名乗ることができるけど。

いっとき、若者のタメ口が問題になり、「丁寧な言葉を使うように」と教育されるにつれて、その「丁寧」の内容を、よく理解しないまま大人になってしまったのではないでしょうか。丁寧なら、とにかくたくさん使ったほうが無礼にならないだろうという考えなのか。丁寧の度が過ぎていると感じることもあります。

そのいい例が、「させていただく」でしょう。誰も彼もが「させていただく」ようになっちゃって、そのうち私まで、気がつくと「させていただいて」と使っていることがあります。

あれは、どこから始まったのでしょう。もしかしてファミリーレストランのマニュアル言葉が発端なのではないかと疑っているのですが、どうでしょう。

「ご注文を伺わせていただきます」
「では、ご注文を繰り返させていただきます」
「一万円から、お預かりさせていただきます」

たしかに、一見、大変礼儀正しく、丁寧なように思われますが、そこまで言う必要があるのかと、聞いているうちに頭がクラクラしてきます。

「させていただく」は効率が悪い――齋藤

「させていただく」という言葉はどんなときでも使えそうな気がして、便利なのだと思います。ですが、ほとんどの場合、余計だという気がします。私自身は「させていただく」という言葉をほぼ使いません。

なぜ使わないかと言うと、話や発言が冗長になるからです。「それでは時間が来たようですので、会議を始めさせていただきたいと思います」では長すぎます。「それでは会議を始めます」でじゅうぶんです。経済効率がよい、悪いと盛んに論議されますが、言語にも当てはまることで、長すぎる言葉遣いは言語的に効率が悪い。

「させていただく」が乱用されるようになった背景には、敬語の正しい使い方がわからないことに対する過剰な恐れや怯えもありますが、余計な自意識が働いていることも関係していると思います。「始めさせていただきたいと思います」という言葉には、始めるのは自分の意思次第だという自意識のようなものが見え隠れしています。「では、一曲歌わさせていただきたいと思います」も同様で、みんなに乞われたから歌うのであって、自分から歌いたいと思って歌うのではないという押し付けがましさを感じてしまいます。

敬語の正しい使い方がわからないということに関しては、それを身につける訓練がなされていないのが最大の原因だと思います。小学校の国語の学習指導要領には「日常よく使われる敬語の使い方に慣れること」という文言が見られますが、項目としては挙げられていても、「実践的なトレーニングが足りていないのが現状です。「敬語とはこういうものです」という説明を聞いただけで、実際に敬語を使いこなせるようになるのは難しい。

テニススクールで、「テニスとはこういうスポーツです」と言葉で説明されただけでは、誰もボールを打てるようにはなりません。うまく打てるようになるためには実践的なトレーニングをしなければいけません。敬語についても同様です。たとえば「会社における部長と部下との対話」というような現実的なシチュエーションを設定して、正しい使い方を実践的に学ぶトレーニングなどをする必要があります。

先生はいらした、鬼は来た　　阿川

私の弟から聞いた話ですが、小学一年生のとき、担任の先生が言葉に厳しい方で、朝、教室の窓から廊下を見ていた生徒が、先生が近づいてこられるのを発見し、教室じゅうに

大声で、「先生が来たぞー!」と叫んだんですって。すると、先生が教室に到着なさったあと、

「いいですか。『来た』というのは『鬼が来た』ときに使いなさい。先生は『いらした』というものです!」

それ以来、弟は、「先生はいらした、鬼は来た!」と呪文のように唱えて敬語を覚えたそうです。

しかし基本的には言葉の正しい使い方は、まずは家庭で教えられるものだと思います。その家の文化となる言葉ですから、同一である必要はないけれど、家族の間での言葉の使い方を覚え、そしてしだいに外へ出て、新たに言葉の文化を広げていくことが大事なのではないでしょうか。

加えて今の時代は携帯電話を使うようになり、見ず知らずの人と電話で話す機会は格段に減りましたよね。昔は電話が鳴っても、相手が誰だかわからなかったから、とりあえず敬語を使って丁寧に応対することを、その家の大人も子どもも自然に学んでいったと思います。

「もしもし？　田中でございますが、どちら様で？　なんだ、一郎、あんたかい」

そんな具合に、電話が外界との社交の第一歩になっていた。ところが今は、知っている人にしか電話はかけないし、出ない。いや、電話自体、今の若者はあまり使わないと聞いています。加えて社会に出ても、見知らぬ人に電話をかけるという、新入社員の初めの一歩のような訓練は、少なくなったという話も耳にします。そうなると、日常的に敬語を実践する機会が格段に減っているという気がしますね。

家庭で学習する機会がない。学校でも、先生と生徒は平等という考えが一般的になり、訓練する場がない。そして大人になって突如、敬語を使わなければならない場面に遭遇したとき、使い方がわからないのは、無理ないのかもしれません。

敬語の使い方を身につけるために　齋藤

たしかに戦後は、子どもたちと先生は人間的に平等だという考えが出てきました。また、家の中でも敬語を使う機会がなくなってきました。そうしたことは民主主義教育の浸透を象徴するものの一つだとされていますが、社会に出たら現実問題として敬語は必要になってきます。

敬語の使い方を身につけるには、とにかく一度、実際に会社に勤めてみるのがいいかもしれません。人を鍛えるという意味では、やはり会社にはすごい機能があります。大学の教え子たちが就職して一年後ぐらいに会うと、「ちゃんとしてきたな」という印象を受けます。とにかく言葉の使い方がきちんとしているのです。これも会社での実践的な訓練のたまものだと思っています。

一度、敬語の使い方について書かれた本をじっくり読んでみることもおすすめします。それによって、敬語の基本的なことが理解できます。あとは実践的に練習する。本を読むことで少なくとも敬語に対する苦手意識は払拭されます。

11　その人の「世界」に乗る

質問によって線路を切り替えてやる　**齋藤**

世代が上の人、特に話が若干くどい高齢者などと対話するときは、ちょっとしたコツがあります。

私ごとになりますが、亡くなった私の父親はお酒が好きで、一杯やると五時間でも六時間でも楽しく話をする人でした。たまに帰省すると、一杯やりながら話をするのですが、時に繰り返しに陥ることがあります。慣れていない人からすれば、酔った人は何度も同じ話を繰り返しがちなので、聞いているのがイヤになると言います。

でも、私は、酔った人も同じ話を繰り返すことから抜け出せずに苦しんでいるという考え方をします。レコードが何度も同じ箇所でループする音飛びのような状態になっているわけです。

そうした状態から抜け出させるには、「そういえば、あのときはどうだったの？」と、質問によってその場所から別の場所へ場面を切り替えてあげることです。電車の転轍機《てんてつき》のように、質問によって上手に線路を切り替えてやるのです。すると、そちらのほうに話は移っていきます。これは酔っている人に限らず、話がくどくて何度も同じ話を繰り返すような人に対しても有効です。

その人が思い描く世界に一緒に乗る ―― 阿川

母が認知症になったとき、同じ話を何度もするのに閉口したことがあります。最初の頃は、「さっきも話したでしょ！」とか「これで五回目」とか言って、本人に気づかせるように注意していたのですが、それは無駄な抵抗だということがだんだんわかってきました。そこで、こちらも聞く体力がついた頃、思いついたのです。ちょうど齋藤先生がおっしゃったことと同じように、別のスイッチに切り替える。

たとえば、小学校の友達の話を何度も繰り返しているとき、ふっと合間に、「じゃ、中学のとき、仲良かったのは誰なの？」

などと話題を突然、変えてみる。すると今度は中学時代の話を始め、そしてまたそれが繰り返される。しばらく繰り返して、こちらも飽きたなと思ったら、

「母さん、映画俳優で好きだった人、誰だっけ？」

一気に違うスイッチを入れてみるというのも手です。

あるいは、何度も繰り返す話の中に、こちらがあえてはまってみるという手もあります。これは友人の女優のFさんが実践なさった話ですが、彼女のお母さんも認知症になって、

同じ話を繰り返すだけでなく、いつの間にか、「私は女優なの」と言い出したそうです。

　そのときFさんは、「違うでしょ！」と否定するのではなく、「あら、お母さん、女優さんだったの？　知らなかったわ」と受け答えをし、さらに、「今、なんの映画、撮ってるの？」「じゃ、ちょっときれいにしなきゃね。明日、美容院に行きましょう」などと、お母さんの世界に入って一緒に遊び始めたとおっしゃいました。

　これは参考になると思い、その後は私も母の見ている世界に行って、一緒に遊ぶことにしました。たとえば、母はときどき、「赤ん坊はどこへ行ったの？」と、現実にない光景が見えるらしく、しきりに赤ん坊のことを気にし始めたことがありました。そこで私は、「あの赤ん坊？　さっきお母さんが迎えにきて帰っちゃった」とか、「今、二階で寝てるわよ」とか、話を合わせるようにしたのです。

　こういう手立てを使うと、同じ話をされても苦にならなくなります。「赤ん坊なんて、いるわけないでしょ！」と厳しく現実を教え込もうとすれば、こちらも疲れるし、叱られた母も落ち込みます。正しいことを教え込む必要はないのです。今、相手が見えている世界を一緒に楽しめば、介護する側もされる側も、ハッピーな気持になれるものです。

相手の話に乗ることで対話は盛り上がる――齋藤

それは、一般の対話にもとり入れたいことです。相手の言うことが変だったとしてもいきなり否定するのではなく、取りあえず一回、その世界や文脈に乗ってみてから、さり気なく修正するほうがいいですね。そうすれば、相手もこちらの話を聞く気になるでしょう。初めから否定してしまうと、相手が気落ちしたり、腹を立てたりして、それ以上対話が続かなくなります。

一回乗るというのは、対話の流れを壊さないためにもいい。たとえばお笑い芸人さんを見ていても、ボケに対してすぐにツッコミを入れるのではなく、一度そのボケに乗っておいてから、ハッと気づいたようにツッコミを入れる、いわゆるノリツッコミのほうが面白いときがあります。

一回乗るというのは、対話におけるゴールデンルールかもしれません。これは、子どもと対話するときにも使えます。子どもが完全にアンパンマンになりきっているときに、「君は本当はアンパンマンではない」と言ったところでどうにもなりません。それに対して「俺はばいきんまんだぞ」と応じてやると、そこで盛り上がって子どもとも対話が成立します。

12 相手の時間を奪う「えーと」や「あのー」

できれば言わないほうがいい「えーと」「あのー」 ―― **阿川**

テレビを観ていると、人の口癖というものに気づきます。普段、面と向かって話をしているときより、四角い画面に囲まれた狭い世界でのことだから、なおさら気になるのかもしれません。出演者がカメラの前で緊張しているせいもあるでしょう。しきりに同じ言葉が耳につきます。コメンテーターや気象予報士、ゲストの学者先生が発言するときに、必ずといっていいほど、「要するに」「いわゆる」「〜ところです」「まあ」「しっかりと」など、その人それぞれに口癖というのがあるものだと感心させられます。

私自身、冒頭で話しましたが、インタビューをしているとき、質問のつなぎとして「でも」を多用する癖があり、自分でも嫌になります。でも、なかなか直りませんね。

テレビの場でなくても、「あのー」や「えーと」が多い人はたしかにいます。発言の頭に「あのー」「えーと」を言っておくと、これから話そうと思うことを整理できるのか、時間かせぎか、はたまた相手の反応を見ながら言いよどんでいるのか。あまり頻繁に使われると、そちらが気になって、何を聞いているのか話の本質がぼやけてきてしまいます。

と言いつつ、私もけっこう使っているかもしれません。使っている本人はなかなか気づきにくいものですね。

「えーと」「あのー」は発言時間をキープするため　齋藤

意識していないと、つい使ってしまいがちですよね。学生に十五秒で発表してもらうことがありますが、そのときに「えーと」や「あのー」を連発していると、それだけで時間がなくなってしまいます。

私の授業では、「えーと」と言ったら切腹というルールになっています。もちろん切腹は冗談に決まっていますが、「こんなに短い時間だから、『えーと』はいらないよね」と注意します。それでも口をついて出てくる人がいますが、やはり自分で言わないように意識づけすることが、それを直す最良の方法です。

「えーと」や「あのー」で問題となるのは、それによって自分の発言時間をキープしようとする人がいることです。

「えーと」や「あのー」と言っている間は、他の人が話すことがためらわれます。つまり、

「えーと」や「あのー」ということで、次の言葉を考えるまで自分が発言する権利をキープできるというわけです。

こういう形で発言権をキープしたり、自分の発言時間を延ばしたりするのは、対話においてはフェアではありません。やはり、話す時間が公平なのが重要です。「時は金なり」ではありませんが、お金と同様に時間は適切に管理されてこそ貴重性を発揮します。

そういう意味でも、先ほどの一人十五秒で話すトレーニングは意味があります。このときストップウォッチを使うのですが、十五秒経ったらピッと鳴らして、「はい、次！」という感じで回していきます。こうすれば、みんなに最初に分配されるお金は平等というゲームをやっている感覚になれます。

対話中にあまり時間の管理を厳しくすると、殺伐とした雰囲気になると思う人もいるかもしれません。でも、会議やミーティングなどで有意義な対話を行おうとしたら、時間のマネジメントが大切です。

お互いに時間感覚を共有することができなければ、特定の人だけが長く話して困るということになってしまいます。サッカーなどと同じで一人が長くボールを持ちすぎてしまうと、他の人は面白くありません。対話においても、球離れがいいことが重要です。メッシですら球離れがいいのに、ましてメッシでもない人がボールを持ちすぎるのは問題です。

話をするときの時間感覚を養う方法としては、今話したようにストップウォッチを使って強制的に区切るという方法もありますが、グループの真ん中にペットボトルを置いて、話すときはそれをマイク代わりにして話し、話し終わったら元に戻すという方法もあります。これをすると、自分がずっとマイクを持っていることに気づいて、普段なら話が長い人でも話が短くなります。

「あなたは？」と逆に聞き返す ―― 阿川

これはずるい方法だと思われるかもしれませんが、自分が質問されて、にわかに答えが見つからないとき、質問者に向かい、「あなたは？」と逆質問を投げかけることがよくあります。逆質問された人は、一瞬戸惑いますが、何かは答えてくれます。その答えを聞いて、「そうだ、私の場合はこうだな」と答えを見つけ出すことができるのです。

とりあえず、自分が上手に答えられないと思ったら、まず相手の答えを聞いてみて、その人の答えの中から自分の発言を探すと、案外、うまくいく場合がありますよ。

あらかじめ話すことを考えておく——齋藤

当たり前のことですが、自分の順番が来る前に質問に対する答えや自分が話すことをまとめておくことも大事です。話を振られてから考えていては、時間がかかってしまいます。

対話が滞らないようにするためには、質問する側も、あらかじめ誰に向けての質問なのかはっきりさせてから質問をしたほうがいい。すると質問が終わるまでに、その答えを準備するための時間ができます。さらに「同じ質問は、次に○○さんと○○さんにもお聞きします」と順番を決めておけば、対話はスムーズに回っていきます。

Ⅱ章のまとめ

■「〜と言えば」を使うことで対話はどんどん続いていく
■何かを生み出すために対話における「否定」がある
■結論がわからないからこそ対話の必要性がある
■具体的な質問が対話を活性化させる
■相手に質問することは失礼なことではない
■できるだけ客観的な視点で語ることで受け入れてもらえる
■正論を振りかざすことで対話は止まってしまう
■相手の話がズレても、直截的に指摘しない
■相手が沈黙しても、無理に続きを促さない
■相手が思い描く世界に乗ることで対話は深まる

Ⅲ章

対話を磨く

1　対話における文脈力とは？

視点を変えつつ話を発展させる文脈力　齋藤

対話力を上げるためには、やはり「文脈力」を向上させる必要があります。文脈力とは『コミュニケーション力』という本の中でも強調している私自身の造語ですが、端的に言えば「意味のつながり（文脈）を的確につかまえる力」のことです。

そう聞くと、たいがいの人は、ある程度は自分も文脈力を持っていると思ってしまいます。たとえば「本を読んであらすじを書きなさい」と言われれば、それなりにできます。でも、対話になるとどうでしょうか。

話が進めば進むほど、そのあらすじを思い出すのは意外と難しいものです。これはなぜかというと、本などの文字で書かれてあるものは簡単に見返すことができるのに対して、今、進行中の対話は文字になっていないため、前に戻ってあらすじを確認することができないからです。

では、対話における文脈力とは、どんなときに必要とされ、真価を発揮するものなのでしょうか。

まず考えてほしいのは、対話というものは、ただの会話やお喋りとは違うということです。普通の会話であれば、話の内容が散らばったり、話題が飛んだりしても構いません。というのも、それによって何かを作り上げるのが目的ではないからです。

ところが、対話は違います。それによって何かを学んだり、決定したり、生み出したりするのが本来の対話の目的です。そのためには話の文脈をしっかり押さえつつ、なおかつ少しずつ視点を変えながら話を発展させていく必要があります。

少しずつ視点を変えながら話を積み上げていくことは、実りある対話を成立させるために欠かせないことです。とはいえ視点を変えることで、それまでの話の経過やそもそもの本筋が一瞬、わからなくなるときがあります。

そこで必要となってくるのが、話を本筋に引き戻す力です。対話において文脈力があるかどうかは、この戻す力と大きく関わってきます。文脈力がある人が対話に加わっていると、話がさまざまに枝分かれして、今どこにいるのかわからない迷子の状態になっても、きちんと本来の流れや道に戻ってくることができます。

文脈力をつけるための基本的な訓練としては、やはり本を読むことが大切です。本を読まない人よりも本を読んでいる人のほうが、文脈力はつきやすい。というのも、本というものは前に書かれてあることがわかっていないと、今読んでいる箇所の意味がわからないからです。この話が前の話とどう関係があるかわからないと、話の脈絡が正確にはつかめません。本を読むことは、文脈力を鍛えるためのベースとなるトレーニングですね。

ただ、本を読むのが苦手だという人もいるので、そういう方にはドラマや映画、あるいはアニメや漫画でも構わないので、普段からストーリーを意識しながら見るということをおすすめします。

ストーリーを意識するとは、簡単に言えば伏線《ふくせん》を押さえるということです。今、このシーンの、この発言は、前のどこに伏線があったのか絶えず意識しながら話の展開を追うように心がければいいと思います。ドラマにしろ、アニメにしろ、作品には伏線があります。このシーンはどこに伏線があったのか、このセリフは次の展開においてどんな意味を持つのか、そういうつながりを意識することが、文脈力を養うための訓練になります。

普段からこうした練習を積んでおくことが、対話の場面でも生きてきます。相手の話にはどんな伏線があるのか、あるいはこの話はどう展開していくのか、文脈力があればより的確に理解できるようになりますね。

物語性のある話に人は引き込まれる —— 阿川

伏線や展開を意識しながらストーリーを追うことが、文脈力を養うというお話で思い出したのですが、たしかに話の内容が物語になっていると頭に入りやすいことはありますね。

かつて大学で成長ホルモンの研究をしている教授にお会いしたとき、伺った話が印象に残っています。教授は少年時代、本を読むのが大好きで、たくさんのワクワクする物語を心の宝箱にしまっていたそうです。長じて大学の先生になったわけですが、学校で学生に講義をしていると、ちっとも話を聞いてくれなくて、表情も面白そうな様子がなく、教授は悩みました。どうすれば学生たちが自分の講義を聞いてくれるようになるだろうか。

そこでハタと思いつきました。そうだ、成長ホルモンの講義を、自分が子どもの頃、胸を躍らせたような物語に作り上げてみてはどうだろう。

こうして教授は、成長ホルモンを、一寸法師の物語の中に取り入れてみたのです。背丈が一寸（三センチ）しかない一寸法師は、お椀を船に、箸を櫂に、針を刀の代わりに腰にさして京の都へ旅に出ます。そこで雇ってくれた長者の娘のお付きとして宮参りへ出かけると、途中、鬼に出会い、娘がさらわれそうになる。一寸法師は小さな身体で鬼と戦い、鬼に飲み込まれてしまいますが、針の刀で鬼の体内から応戦し、あまりの痛さに鬼が一寸法師を吐き出して、山へ逃げていきました。そのとき鬼が置き忘れていった打ち出の小槌《こづち》を拾い、一寸法師が一振り、二振りしてみれば、なんと身体が大きくなって、立派な武士の姿に生まれ変わりました。こうして一寸法師はその家の娘と結婚し、めでたしめでたし。

ま、こういうお話なのですが、教授はこの物語に登場する「打ち出の小槌」を成長ホルモンに喩え、物語の間に本来の科学的説明を加えつつ講義をしてみたら、なんと学生たちはたいそう興味深く話を聞いてくれたそうです。めでたしめでたし。

かくのごとく、人は難しい話でも、内容に物語性があると、ついつい引き込まれるものです。

2 同じことを言い続けることのメリット

思想や考え方を伝えるための一貫性 ―――― 齋藤

以前、『声に出して読みたい親鸞《しんらん》』という本を書いたときに、親鸞の言葉から百個の名言を採ろうと思ったのですが、基本的に一つのことしか言っていないことに気づきました。それは、「『南無阿弥陀仏《なむあみだぶつ》』と念仏を唱えると極楽浄土に行ける」ということです。親鸞は自分のことを「愚禿《ぐとく》」、僧であり俗人でもある愚かな存在と自称した人ですが、自分のような煩悩具足《ぼんのうぐそく》の凡夫《ぼんぷ》はどうせ救われないのだから、とにかく阿弥陀さまを信じて、ひたすら「南無阿弥陀仏」と唱えるしかないと、それだけを言い続けました。

一貫性というのは、思想や考え方を伝えるためには重要なことです。自分が本当につかんだ一個の真理をずっと言い続けることで、それが歴史を超えて伝わっていくことになります。

「経営の神様」と呼ばれた松下幸之助さんも似たようなことを書いています。自分の話が社員に伝わるときは、その内容が二分の一になってしまう。さらに、その社員から別の社員に伝聞で話が伝わるときは、そのまた二分の一になってしまう。これで四分の一です。さらにその先では八分の一、十六分の一と、伝えたいことの内容が薄れていきます。だから自分は同じ話を何度も繰り返すのだと言います。一貫して同じことを言うことは、経営者をはじめ、組織のトップに立つような人にとっては大事なことかもしれません。

話がうまい人は、手を替え、品を替え、目先を変え、いろいろと違った話をしますが、優れた経営者と呼ばれるような人には自分なりの確固とした経営理念があり、それを繰り返して話す人が多いと思います。

話を聞いていると、また同じことを言っているという印象を受けることがありますが、逆に言えば「ぶれない」ということです。小器用に話の内容をコロコロ変えるのではなく、いつもぶれずに同じ話をするような人が案外、実社会では成功しているような気がします。

3 話すことが苦手な人はリアクションを磨く

リアクションとしての笑いを身につける ―――― 齋藤

誰にでも得意、不得意があるように、対話でも面白いことを言える人と言えない人がいるのは、ある意味で仕方のないことです。お笑い芸人さんでも、笑いの神に愛されている人とそうでない人がいます。

でも、対話で面白いことを言えないからといって悲観することはありません。そういう人は、聞き手としての芸を身につけることを考えればいいと思います。

面白いことを言えない人は、人の話に対するリアクションとして、積極的に「笑う」ことを心がけてみてはどうでしょうか。対話の場を盛り上げるために積極的に笑うことを自分の役割にすれば、少なくともその場を白けさせることはありません。面白いことが言えないという人は、リアクションとしての笑いを身につけるのがいい。

リアクションとしての笑いは、話す人を肯定しているという気持ちを伝えることができます。それが、話す人の勢いにつながります。笑いに加え、表情も相手に肯定の気持ちを伝えるリアクションとして有効です。「えー、すごい」と驚く顔をしたり、「それは面白い」と喜ぶ顔をしたりすることで、相手は自分が面白い話をしているのだという気になります。

日本人は、表情によるリアクションがやや不得意かもしれません。人の話に対してポーカーフェースというか、あまりリアクションしない人のほうが多いような気がします。

「おっしゃる通りでございます」――阿川

昔、リアクションの見事な日本人にお会いしたことがあります。

父の仕事にくっついてイタリアを旅したときのこと。ミラノに着いて、その地に駐在していらした航空会社のAさんに大変お世話になりました。父がミラノで講演をする前の夜、晩ご飯に連れて行ってくださることになり、Aさんの運転する車に同乗しました。街中を走る途中、久しぶりにミラノを訪れた父が、ときどきAさんに質問をします。

「たしかこのあたりの路地を入ったところに、旨い肉料理の店があったと思うけど……」

するとAさんは、ハンドルを握りながら、実に明るい声で、

「おっしゃる通りです。たしかにこの路地を入ったところにおいしい肉料理の店がございました」

そしてまもなく父が、

「ほぉ、ここの広場は昔とちっとも変わりませんなあ」

すると、

「おっしゃる通りです。先生、まことにおっしゃる通りでございます」

レストランに到着したあとも、

「この店のワインは、どうも赤が旨いねえ」

するとまたしてもAさん、

「おっしゃる通り！」

その晩、そしてその翌日も、父はことのほか機嫌がよく、さらにミラノの印象がよくなったようでした。すべてAさんのおかげ。

私は帰国したあと、Aさんの真似をして、たとえ心の中では反抗心がムラムラと湧き上がってこようとも……、たとえば、

「おい、今日は肌寒いなあ」と父が言えば、

「おっしゃる通りでございます」

「今夜の飯には日本酒が合うかねえ」

「はい、おっしゃる通りです」

「お前、そのシャツ、だいぶ汚れているぞ」

「おっしゃる通りです、まことにおっしゃる通り」

忠実なるしもべに徹して連発していたら、

「お前が言うと、どうもわざとらしい。やめろ！」

禁止令が出てしまいました。おっしゃる通り。

やりすぎれば、たしかにわざとらしくなってしまう危険性はありますが、でも人は、最初に強い同意の意思を相手に示されると、たいそう心地よくなるものだと思われます。

ＴＶタックルのゲストの中にも巧みな方がいて、誰かが長々と話を続けていると、その途中のいいタイミングに、大きな声で、

「○○さん、おっしゃる通りです！」

と、割り込む。すると割り込まれた側は、嬉しくなってつい心が緩み、話を止めます。

そこにすかさず、

「おっしゃる通りではありますが、一つだけ、僕はこう思うんですよ」

異論を展開し始める。最初に「おっしゃる通り」と言われたゲストは、そこでまんまと発言のバトンを奪われてしまうという具合です。

「おっしゃる通り」には魔法の力が潜んでいると思われます。

4 対話を盛り上げるために大いに褒める

対話の場では褒め惜しみをしない　齋藤

たしかに阿川さんのおっしゃるように、対話においては、いかに「肯定感」「盛り上がり感」を出すかが大事なポイントですね。「へー」とか「いいね」といった簡単な相づちや合いの手があるだけでも、対話には盛り上がり感が出ます。

対話において場が盛り上がらない、なんだか湿っぽいという場合は、そこに参加している人たちの当事者意識が低いのも一因です。大学の授業で四人一組で対話をしても、「今日のメンバーはイマイチだったな」ということがあります。それはグループとしての盛り上げ方が下手なのです。

盛り上げる技術を持っている人がいれば、たとえ自分に知識のないテーマであっても、「それはすごいですね」と盛り上げることで場が湿っぽくならずに済みます。

アイデアがなかなか出ない人、そのテーマに関する知識がない人は、対話の盛り上げ役としてがんばってほしい。するとベンチが盛り上がっている野球チームのように雰囲気がよくなります。

盛り上げることに関しては、私は拍手も多用します。誰かが少しでもいいことを言ったら、拍手をしてそのアイデアを祝います。

なぜかはわかりませんが、多くの人が「褒め惜しみ」をしていると感じることがあります。変なプライドがあるのかどうかわかりませんが、めったなことで人を褒めようとしない人もかなりいる。ケチくさいというか、根が暗いというか、とにかく褒め惜しみをしているとしか思えません。

でも私は、ちょっとしたことでも惜しみなく褒めるようにしています。そうすることで、お互いの気分がよくなります。対話は一種のチームスポーツですから、そういう形でお互いに盛り上げることが大切です。

褒めるのは、対話のあとでもいいと思います。将棋や囲碁では対局後に「感想戦」と呼ばれるものを行います。これは対局中に打った手の良し悪しなどを、お互いに振り返りながら検討するものです。それと同じように、対話が終わったあとで、「あなたの、あの発言はとてもよかったです」と褒め合うことをおすすめします。私は自身がコメンテーターを務めているテレビ番組で、CMに行くまでの流れがよいと、CM中にキャスターやアナウンサーの人たちとお互いに褒め合うようにしています。

普段から相手の発言を注意して聞くようにしていると、褒める要素は見つかります。問題は、いいところに気づいても言わない人が多いことです。気づいたら、ためらわずに褒めたほうがいい。否定的なことを言うときは慎重になったほうがいいのですが、褒めるときはさっさと褒めるべきです。食べものに関しても、おいしいときは「おいしいです」と、まず褒めたほうがスムーズです。

「褒める」ことについては、阿川さんはいかがですか。

目上の人や年配の人でも臆せず褒める――阿川

褒めるというと、つい自分より歳下の人や下の立場の人になることが多い印象を持ってしまいます。目上や自分よりはるかに歳上の方を褒めることは、かえって失礼なのではないかと危惧してしまいがちです。

知り合いの男性編集者が、大御所の作家の担当になり、どうもその作家先生のご機嫌を取ることに難儀して、鬱々とした時期があったそうです。その頃に、たまたま作家の山本夏彦さんにお会いしたので、思い切って訊ねたそうです。

「山本先生。優秀な編集者というのは、いったいどうすればなれるのでしょうか」

すると山本さんがお答えになった。

「そんなのは簡単なことだよ。作家を褒めりゃいいんだ。どんな作家だって、褒められて嫌な気がするヤツなんていないんだから」

そして山本さんは寂しそうにつけ加えたそうです。

「でもね、私みたいな歳になると、誰も褒めてくれなくなるねえ」

こうしてその男性編集者は、以降、なるべく褒めることを心がけるようにしたということです。

以前、浅丘ルリ子さんにインタビューをしたのち、浅丘さんが主演なさるお芝居にお招きいただきました。そこで芝居好きの友達を誘って観に行ったのですが、お芝居が終わったあと、浅丘さんにお礼のご挨拶をしようと二人で楽屋を訪ねていきました。

もちろん、お芝居はたいそう面白く、浅丘さんは美しくてお見事だったのですが、どういう言葉で声をかけようかと私は迷っていました。すると、楽屋に入るなり、同行した女友達は……、彼女はイラストレーターで、普段から物怖じしないというか、勇猛果敢というか、思ったことは何でもストレートに言う性格ではあったのですが、なんと浅丘さんと対面するや、

「いやあ、上手だった。上手上手！　面白かったなあ」

拍手をしながら大声で浅丘さんを褒め称えたのです。私は一瞬、ビビりました。たぶんまわりにいた浅丘さんのスタッフの方々もビビッたはずです。大丈夫か?!

恐る恐る浅丘さんの顔を見つめてみると、浅丘さんはまったく動じる様子もなく、カチンときた気配もなく、まことに嬉しそうに、

「あら、そう？　ありがとう」

まさに大物女優の風格と気品をあたりに漂わせつつ、ニッコリ笑ってくださったのです。

もちろん、浅丘さんが心の広い方であったことは間違いないところですけれど、でも、あれほどのスターになってみると、もしかして周囲から「演技が上手だねえ」なんて、今さら言われることは、めったにないでしょうから、珍しい現象にかえって新鮮味を覚えてくださったのかもしれないと思った次第です。

それ以降、私も友達のイラストレーターほどの図々しさはないけれど、時と場合を見極めて、たとえ相手が私よりはるかに目上の方だったとしても、褒めたいと思ったときは、拍手をしたり、「偉い偉い！　よく頑張ったね！」と褒めたりすることを惜しまないようにしております。相手はときに「お前に言われたくねえよ」と憎まれ口を叩きながらも、なんだか嬉しそうですよ。

相手がエネルギーをかけたところを評価する——齋藤

やはり、嬉しいですよね。年上、年下、あるいは大御所、新人に限らず、相手を褒めたり、評価したりするときのポイントとしては、相手がどこにエネルギーをかけているのか、そこに照準を合わせることが大切ですね。

映画を見てたまらなく好きなシーンがあれば、もしその監督に会う機会があったら、「あのシーンを撮るのに、すごいエネルギーがかかったのではないですか？」と質問すると、いい話が聞けます。私が論文を書いたとすると、やはり自分がエネルギーをかけたところに関して質問してほしいと思います。そうではないところに関する質問が多いと、「きちんと受け取ってもらえていない」と、がっかりしてしまいます。

学生の書いたものを評価する際にも、全体としてはそれほどの出来ではなかったとしても、エネルギーをかけたポイントを見つけて、そこを褒めるようにしています。

褒めるときには、まず自分の気持ちがどれだけ動いたかを伝えることが大切です。そのうえで具体的なポイントを挙げて褒める、あるいは具体的なポイントに関して評価するのが効果的です。

読書感想文などでも具体的な文章を引用して書いてあるものは、しっかり読んだということが伝わってきます。それに対してなんとなくあらすじを書いて終わっているものからは、おざなり感が伝わってきます。

また、ガーデニングを趣味にしている人に向かって、「ガーデニングって大変ですね」とありきたりのことを言っても、大して喜んでもらえません。それよりも、その人のインスタグラムなどにアップされている花を話題にして、「あの花のお世話、大変ではありませんか？」と具体的に質問することで、話がぐんと盛り上がります。具体性がない抽象的な褒め方より具体的な褒め言葉のほうが人の心を動かしやすいでしょう。

5 対話のテーマに疎いときの対処法

質問役になって知っていることに話を持っていく――齋藤

対話の中で話し合われているテーマが、自分の得意な分野や詳しい分野と、知らない分野や疎《うと》い分野の場合があります。自分の得意な分野のことがテーマになっているときに、喜々としてあまり話しすぎるのはよくないと考える謙虚な人がいますが、対話の相手がその話を聞きたがっているのであれば、たくさん話すことも悪いことではありません。

『マツコの知らない世界』というテレビ番組があります。一般の方が登場して、自分の得意分野やハマっていることに関してマツコさんにプレゼンテーションするのですが、その説明がとても上手で、マツコさんとのやりとりも実にナチュラルです。

一般の方がこれほど上手にテレビで話ができるということに驚きますが、それもやはり詳しい分野、得意な分野のことだからです。情熱を持ってそれを語るので、つい引き込まれて、もっと話が聞きたくなります。ウンチクばかり語る人は嫌われますが、それが聞き手にも有益な知識であれば、自分の得意分野について堂々と披露しても構わないと思います。

むしろ問題なのは、自分が得意ではない分野、疎い分野のことが話題になっている場合です。そういうときの対処の仕方ですが、自分が質問役に回って、知っていることに話を持っていくという方法があります。

ゴルフ専門誌で別々のプロゴルファーの方と三回ほど対談したり、また別のゴルファーの方との対談を単行本化したことがあります。しかし、私自身はゴルフをやりません。そんなことでよくゴルフに関する対談ができるなと思われるかもしれませんが、少なくともテレビでゴルフを見たことはあります。

そこでたとえば、「○○選手がスランプだったようですが、プロゴルファーはどうやってスランプから脱出するのですか?」という質問をします。すると相手はプロゴルファーですから、スランプからの脱出の仕方についてとても詳しく説明してくれます。そこで続けて、「では、プロとアマの違いとは何ですか?」と聞きます。すると相手は、「調子が悪くなったときに、元に戻すことができる基本を身につけているのがプロだと思います」などと答えてくれます。

そういう形で自分が質問役に回って、少しでも自分が見たことのあるもの、知っていることに絡めながら相手の経験知を引き出すような質問をすると、自分が得意ではない分野、疎い分野のテーマでも対話になっていきます。阿川さんはいかがですか？

知らないことを隠さない ―――― 阿川

前にもお話ししましたが、自分が知らないのに無理をして話を合わせようとすると、相手には必ずと言っていいほど見透かされます。勉強不足を隠そうと思って、「ああ、そうですねえ」などと知ったかぶりをしてみても、早晩、言葉が詰まります。だいたい隠そうとする魂胆が視線や素振りに表れて、情けない結果になるだけです。

そんなことなら最初から、「すみません。私、その話題については知識不足で」と正直に白状したほうが、相手は「ああ、知らないんだ」と理解して、かえって親切に解説してくれることもあります。ただ、知らないから興味がないのではなく、知らないからこそ知りたいんですという態度を示すことが大事でしょう。齋藤先生がおっしゃるように、相手の話に気持良く反応するとか笑うとか感心するとか。そうすれば、話している側も話しやすくなります。

でも、相手が自分の知らない世界の専門用語などを用いて、どんどん話がわからなくなる場合もあります。そういうときは、なにか自分の知っている分野や得意な分野に引き寄せて、「たとえばこういうことと似ていますか？」と、質問を挟むと、ぐっとわかりやすくなることがあります。

たとえば、「その国際問題のこじれって、恋愛の嫉妬感情とちょっと似てませんかね？」なんて質問してみると、「そうそう。それに近いかも」と返ってくるか、あるいは、「ぜんぜん似てません」とにべもなく否定されるか。それはわからないけれど、とりあえず自分の知識や関心のレベルに一度、落としてもらうと、わからない話がどんどんわからなくなる方向へ一直線に遠ざかっていくことを、少しでも抑えることはできるはずです。

ずっと昔、ハレー彗星について、私が出演していたテレビ番組で取り上げることになり、ゲストに惑星科学者の松井孝典さんにおいでいただき、本番前の打ち合わせで簡単に解説をしていただきました。松井さんがいろいろお話しくださって、さあ、いざスタジオへ向かおうというときに、「なにか質問はありますか？」と問われたので、私はつい、

「あのー、そもそも彗星って、なんですか？」

そう伺った途端、松井さんは、顎を上げ、ちょっとびっくりなさった顔で、

「はああ、そこから話さなきゃならないわけですね。よくわかりました」

そうおっしゃると、本番では、いともわかりやすい言葉でゆっくり丁寧に面白く、ハレー彗星について語ってくださいました。その内容がなんだったか、今となってはほとんど覚えていないのですが、私はただ、本当に頭のいい人は、聞き手がどれぐらいの理解力の持ち主かを知って、その相手のレベルに合わせていかようにもわかりやすく、自在に言葉を選んで話せる人のことを言うんだと、それだけは深く納得した記憶があります。

反対に、やたらに難しい言葉ばかりを使って独断的に話そうとする人は、実は本当のところ、わかっていないんじゃないかと、疑うようになりました。

ここまではわかっていると確認し合う

齋藤 それは本当の頭の良さですね。どこまで理解しているのか、それをお互いに確認して共有しながら話を進めていくのが対話の基本です。結構、難しい話をしているときに、わかったつもりで「はい、はい」と言っているだけでは、意味のない対話となってしまいます。
ここまでは理解したと、地固めしながら対話を進めていくのが理想的です。

『論語』に、「之《これ》を知るを之を知ると為し、知らざるを知らずと為す。是《こ》れ知るなり」という言葉があります。「知っていることを知っているとし、知らないことは知らないとすること。それこそが知るということだ」という意味ですが、対話においても同様で、ここまではわかっていると確認し合いながら話を進めていくことが重要です。

6 相手の懐に入れば対話も怖くない

怖い人のそばに座る、嫌いな人に話しかける ―― 阿川

テレビの仕事を始めてまもない頃、私は番組のメインキャスターである秋元秀雄さんのことが怖くてしかたありませんでした。私自身があまりにもモノを知らなさすぎたせいもあるし、実際、番組内ではとんと役に立っていなかったので、秋元さんが内心イライラしていらっしゃるのがわかっていたのです。取材をして秋元さんのもとへ戻って報告すると、「その程度の取材で取材したと思ってるのか。子どもの使いじゃあるまいし！」と叱られるし、天気予報を担当していたので、台風の進路などについて安易なコメントをしようとすると、「台風の進路についてはまだわかりませんだと？ それで済ませるつもりか！

きちんとデータを集めてこい。それまでこの部屋に戻ってくるな！」なんて調子で怒鳴られて、スタッフルームから追い払われたこともあります。

そんな日々だったので、私はできるだけ秋元さんと目を合わせないよう、秋元さんのそばには近づかないよう気をつけておりました。触らぬ神にたたりなしの心境です。

するとあるとき、一緒に番組に出ていたアナウンサーの小島一慶さんに、

「明日から、番組が終わったら反省会のときは必ず秋元さんの隣に座りなさい」

と言われてしまいました。

「嫌ですよ、怖いもん」と抵抗したのですが、「いいから座りなさい。なにも発言しなくていい。ただ黙って座って、秋元さんの話を聞いていなさい」と。しかたなくそれから毎晩、本番が終わったあとのスタッフルームでの反省会で、秋元さんの隣に陣取ることにしました。ビクビクしながらね。

すると日が経つにつれ、変化が生まれてきたのです。反省会の時間には軽くみんなでビールを飲んだりして、スタッフ全員と反省したり新しい企画の話をしたり、ときには昔話に花を咲かせたりするのですが、お酒が入っているせいもあり、普段厳しい秋元さんもニコニコ顔になって、隣に座る私に向かい、「なあ、君もだんだん番組に慣れてきたな。今度、

こういう企画をやってみたらどうだ？」とか、「腹が減ってきたな。よし、一緒にうどん屋でも行こうか？」とか、なんだか親戚の面倒見のいいおじさんのように優しく接してくださるようになりました。

「ほら見なさい」と小島一慶さんにあとで言われました。誰だって懐かれれば可愛く思うものなんだよ。秋元さんのことを怖い怖いと思って避けてたら、秋元さんだって気づくさ。どうせ俺のことを嫌っているんだなと思って可愛く思えなくなってしまう。黙ってそばにいるだけで、人間関係は柔らかくなるものさ、とね。

私と同じようなことを、おすぎとピーコの、ピーコさんも経験なさったことがあると聞きました。まだテレビで活躍なさる前、ピーコさんはファッション関係の会社に勤めていたのですが、そこにどうしても気の合わない上司がいたそうです。延々と冷たい関係が続いていたのですが、あるとき、ピーコさんは思い立って、毎朝、出社したらいの一番にその人のそばへ行き、「おはようございます！」と挨拶をすることに決めました。最初はぎこちなかったけれど、毎朝、とにかく続けてみた。するとまもなく、いけ好かない上司の顔がだんだん和らいで、しだいに優しく接してくれるようになったとのこと。

こちらが「嫌だ」とか「苦手だ」と思っている気持は、隠しているようで、しっかり相手にも伝わっているものです。その関係を修復したいと思ったら、自ら近づいていくことが大事なのですよ。勇気はいるけれどね。

懐に入ってしまえば話しやすくなる

齋藤　なるほど。それは「懐《ふところ》に入る」ということだと思います。相手の懐に入ってしまえば、かえって危険ではなくなります。私は武道をやっていましたが、たとえばボクシングなどでも相手にちょうど殴られやすい距離というものがあります。普通に考えると、それよりももっと相手に近づくことは怖いことだと思うかもしれませんが、内側に入ってしまえばかえって相手は殴りにくくなります。

飲み会などでも、あえて怖がられている人の横に座るというのは面白いかもしれません。ビートたけしさんとテレビでご一緒したときの雑談で、弟子入りについての話が出ました。たけしさんのところには弟子入り志願の人が多く、だいたいは断るそうです。そんな中でもお弟子さんになる人は、あるとき気がつくと、すでに知り合いのような感じでたけしさんの横にいて、一緒にお酒を飲んだり、話をしたりしているそうです。「ところで、お前誰だ？」ということになるのですが、それがいい弟子入りの仕方だと話されていました。これなども相手の懐に入るという意味で面白い話です。

たとえ苦手な相手だったとしても、どうしても話をしなくてはならない、付き合わなくてはいけないということは、仕事などで山ほどあると思います。それは相当なストレスですが、思い切ってその人の好きな話題などを持ち出して、懐に入ってしまうといいかもしれません。

おそらく人から苦手だと思われるような人は、近づいてくる人も少ないと思うので、あえて近づくと打ち解けてくれることがあります。

7 対話中のメモの活用について

図式化しながら対話すれば理解が深まる ―― 齋藤

対話中にメモをとる手元ばかり見ながら話す、あるいは資料から目を上げずに質問する人がいます。人と視線を合わせるのが苦手なのでしょうが、ときどきは視線を上げて相手の顔や目を見ないと、話すほうは気が萎えてしまいます。

もちろん、メモをとったり、資料を見たりすること自体が悪いわけではありません。たとえば資料の要点となる箇所を赤いボールペンなどでグルグル囲んでくれていれば、そこに重点を置きながら話ができます。

また、メモは相手の発言を書き留めるためだけでなく、相手の発言中に次に聞くべきことを忘れないでおくためにすることもあります。相手の話が長くなったときに、こちらが聞くつもりのことをつい忘れてしまうことがあるからです。そういう場合に備えて、備忘《びぼう》録《ろく》や覚書としてメモをとっておくのは大事なことです。対話の文脈を把握しておくという意味でも、メモは有効です。

私は対話中にメモを積極的に活用しながら話を進めることがあります。たとえば編集者と本の企画について打ち合わせをするときなどに、白紙の紙を二十枚ぐらい用意しておいて、話すそばからその内容を箇条書きにしたり、図にしたりしていきます。打ち合わせが終わったら、そのメモを渡すこともあります。それが企画書に役立つわけです。

話をしながら図式化していくという作業は、誰にでもできるものだと思っていましたが、どうもそうではないらしいということがわかりました。一枚の紙に二人で図を描きながら対話をするという課題を社会人に出したことがありますが、かなり戸惑っていました。

ほとんどの人は話すときには手が止まり、手を動かすときには話が止まると言います。それで難しいことだと気がついたのですが、私自身は中学校のときから友達と図を描きながら話していました。図を描いたり、キーワードを書き込んだりしながら、こうだ、ああだと話し合っていました。

図式化には、キーワードを書いてそこから連想されるものや派生するものを矢印などでつないだり、要素をAとBのカテゴリーに分けたり、登場人物の相関図を描いたりするなど、いろいろなものがあります。そうした方法を使って図式化しながら話を進めれば、込み入ったテーマやまとまりにくい対話でも参加者の頭に定着しやすいし、何よりも参加者が同じ話を繰り返すことが少なくなってきます。紙に図式化しながら話すことで、より理解が深まり、生産的な対話になっていきます。

図を描きながら話をする具体的な例として、学生にドストエフスキーの『カラマーゾフの兄弟』を読んでもらい、その内容をグループで話し合いながら、紙一枚にまとめて発表してもらったことがあります。実際に読んだことがある方はおわかりだと思いますが、あの小説は量が膨大なうえに登場人物やストーリーが複雑で、普通であれば紙一枚にまとめることは困難です。しかし、登場人物の名前や特徴、関係するテーマなどに絞って書き込むことで内容を短く要約することができます。

8 対話的な思考力を養う

二つのカテゴリーに分けて論じ合う ―― 齋藤

対話をよりよいものにしていくためには、それなりの練習が必要です。すでにお話ししたように、図やキーワードなどを紙に書きながら話し合うのも一つの練習方法です。また、一つのテーマを設けて、それに関連することをAとBの二つのカテゴリーに分けながら論じ合うことも対話の練習になります。

たとえば、「会話と対話は何が違うのか?」というテーマがあるとしたら、Aを「会話」、Bを「対話」として、それぞれに属すると思われる要素を書き込んでいきます。会話であれば「時間軸に沿って横に流れていくもの」、対話であれば「弁証法のように縦に深まっていくもの」という感じです。単純な話、AとBに入る要素を対比させながら紙に書いていくだけでも一種の対話になります。

これはAとBを対比しながら考える思考法の一種ですが、このときに大事なことは、まったくかけ離れたものをAとBに分けてしまうと練習にならないということです。「会話」と「対話」、あるいは「愛」と「恋」のように、「似て非なる」ものを対比させることがポイントです。あまりにかけ離れたものや、そもそも土俵が違うものは、対比や比較の対象になりません。

この二分法で面白かったのは、小学校のときに「好きなのはどっち?」というテーマで「山派」と「海派」に分かれて、みんなで議論したときです。要素が拮抗《きっこう》する二つのカテゴリーなので、いろいろな意見が出て大いに盛り上がりました。

その盛り上がりをさらに促したのは、一人ひとりの意見を先生が黒板に板書《ばんしょ》してくれたことです。そうすることで誰かと同じ意見にならないよう、みんなが必死になって自分の意見を考えます。

みんなの目に見える形にすることで対話がより活性化するし、深まります。その意味では、会議室やミーティングルームなどにあるホワイトボードをもっと活用してもいいと思います。

9 オンライン時代の対話について

リモートではタイミングや空気感がつかみにくい ―――― 阿川

コロナ禍で、リモートによる対話の機会が一気に増えましたね。私も何度かリモートで対談をしましたが、一長一短あるなと思いました。

長所としては、今まで遠くに住んでいる方との対談は、日程調整がなかなか難しくて実現させるまでに時間を要していましたが、リモートだと瞬時に実現できる。ニューヨークに住んでいる方と対談するのも、ご近所に住んでいる方と対談するのもまったく同じように気軽にできるんだということに気づきました。

ただ、なんといっても短所は、面と向かって会話をするときのような親密な関係を作るのが難しいことでしょう。音声が途切れがちになったり、タイムラグが生まれたり、まるで外国語のゲストと通訳を介して話をしているときのように、ギクシャクしてしまいます。特に私の場合は、相手の話している途中で、「へえ」とか「そんなことがあったんですか？」とか、合いの手を入れることが多いのに、画面を通してだと合間にちょこちょこ言葉を挟むのが難しくなります。そして、画面に映っているとはいえ、相手の細かい表情の変化や素振りや心情をつかむのも、リモートだと難しいですね。

同じ室内で、近い距離で目を見ながら話をすることが、いかに互いの心理を察しながら行っていたか、逆に思い知った気がします。

今後、このリモート対話というものが、コロナにかかわらずどう進展していくかわかりませんけれど、「要点や結論が大事」という事務的な対話においては、大いに有効だと思いますし、反対に、顔色を窺いつつ、ときにぐだぐだと話をしたいという場合は、やはり本人と会って、間近で話をすることは捨てがたいコミュニケーション方法だと思います。

ボディーランゲージに慣れていない文化 ―――― 齋藤

たしかに、リモートだと空気感がつかみにくいですね。新型コロナの影響で授業がオンラインになった当初は、少し大変でした。私の授業では学生との対話を重視していますが、オンラインではどうしてもそのやりとりが希薄になってしまいます。しかも、当初はズームの画面に学生の顔が出ていなかったので、真っ黒な闇に向かって話しているような不安な気持ちになりました。すぐに顔が出る設定にしてもらったのでホッとしました。

それでも、顔が出ているだけではライブ感が出ません。そこで話が面白いときは手をたたく、大丈夫なときは手で丸を作る、驚いたときは手を広げるなど、そのつど画面上で身体的なリアクションをしてもらうようにしました。そうすることで、徐々にオンラインでも実際に対話をしているときのようなリアル感が出るようになりました。

リモートでは空気感が伝わりにくいので、ボディーランゲージなどの身体的なコミュニケーションを使って補う必要があります。しかし、それも普段からやり慣れているかどうかが問題です。やり慣れていないと、急には手も動きません。

イタリア映画などを見ていると、イタリア人は対話をするときにかなり手を動かしています。『ひまわり』という名画がありますが、主演のソフィア・ローレンが話しているときの手の動きがとても印象的です。まるで手で話しているといった感じです。

日本人はそういうことをあまりしませんが、リモートなどでは対面で話すときよりもしぐさや表情から発信される情報量が少ないので、手の動きなどを加えることで対話が深まりますね。

日本人が話をするときにあまり手を動かさないのは、一つには礼儀の文化から来ています。人と話すときは、座ったら手を膝の上に置く、立った姿勢なら手を体の脇につけるというふうに、手をバタバタしないことが礼儀正しいことだと教えられてきました。

武家社会では、人前で咳やクシャミをすることなども騒々しくてよくないことだとされていました。武士道について書かれた『葉隠《はがくれ》』にも、咳が出そうなときに止める方法が書かれているくらいです。そういう生理的なことに関しても、できるだけ抑制するのが礼儀正しいことだとされてきました。体を動かすことについては、いかがですか？

体全体で言葉を発せば気持は伝わる　　阿川

話をしながら体を動かすというのは、先生がおっしゃる通り、昔の日本人はあまりしませんでしたね。話すだけでなく歌を歌うときでも直立不動がいいとされていた時代があります。東海林太郎さんがそのいい例です。でもいつの頃からか、歌うときに体を動かさない歌手はいなくなりました。動かすどころか踊ったり観客に指を差したりするようになった。

以前、石井好子さんが主催するシャンソンコンサートで私が歌うことになりまして。緊張して練習していたら、石井さんに、「最後はお客様に向かってこうやって両手を大きく開いて！　心を伝えなきゃダメです！」と、注意されました。そんなふうに歌ったことがなかったので照れましたが、実際、ステージで最後のフレーズで手を広げて歌ったら、なんだか気持がよかったです。

話をするときもそうかもしれません。齋藤先生が常日頃、おっしゃっているように、口から言葉を発するだけでなく、体全体で言葉を発してみる感覚は、手や足……？　足までは動かさないか。とにかく動作を加えることで、さらに気持が伝わるような気がします。

10 メールによる対話で気をつけたいこと

メッセージアプリでのやりとりにご注意　**阿川**

これだけメールやＬＩＮＥのようなメッセージアプリが発達し、それを利用する人が増えてくると、将来的には、顔と顔を突き合わせて対話する機会はどんどん減っていくのでしょうか。私のようなアナログ人間にはちょっとつらい時代が押し寄せているようで、不安です。

というのも、顔を見ながら話をするのと、文字の対話のやりとりとでは、言葉の選び方や受け止め方がまったく異なってくると思うのですね。

たとえば、ＬＩＮＥでやりとりをしているとき、親しい友達関係だったとしても、相手から、「昨日、なぜ彼女にあんなこと言ったの？」などといったコメントが届いたら、ギクッとしますよね。もしかして自分はいけないことをしでかしたかと思い悩むでしょう。これが面と向かって言われた場合、声のトーンとか表情とかが加わるので、相手の真意をはかることができますが、この文面だけだと、笑って言っているのか、それとも本気で怒っているのか判断がしにくい。

同じ文面でも手紙で同じようなことを伝えようとしたら、もう少し説明を加えて丁寧に書くでしょうから、もし内容に怒りが含まれていたとしたら、受け取った側はちゃんとその意図を汲むことができるし、怒っているわけでないとすれば、こういう会話調の中途半端な書き方はしないでしょう。

メールやＬＩＮＥの気楽なところは、手紙ほど構えることなく、まるで会話をしているかのような調子でやりとりができるところです。だからこそ、誤解が生じやすいと思います。

「お前はバカか！」

そう書かれたらムッとするでしょうが、目の前で笑いながら、「お前はバカか！」と言われたら、こちらも「なんだとぉ？」と笑いながら言い返すことができるでしょう。

もっとも面と向かって言うときでも、関東人と関西人の受け止め方は違うらしいので注意が必要ですよね。関西の人は「アホ」がからかいの言葉で、「バカ」は本気だと思うそうです。

とにかく、ネット上のやりとりでそういう誤解を生まないために、絵文字というものができたのだと理解していました。「お前はバカか！」のうしろにニッコリマークがあれば、あ、これは冗談だなとわかるし、「もう二度と遅刻しないでくださいね！」というコメントのうしろにハートマークがついていたら、むしろ愛情を感じてしまうかもしれない。

ただ、今の若い人たちは絵文字も使わないと聞きました。絵文字はむしろオバサンオジサンが好むようで、若い人宛てにこれを使うと「古ッ」と嫌がられるらしいです。となると、若者は、どうやってメールやＬＩＮＥの誤解を回避しているのでしょう。

私はメールやＬＩＮＥでやりとりを繰り返しているうちに、お互いの気持がギクシャクしてきたぞと思ったら、さっさと電話に切り替えます。話したほうがよっぽど真意は伝わると思ってしまうのですが、今の人たちは、電話を使いたくないらしいんですよね。

メールもメッセージアプリも対話ではない――齋藤

たしかに文字は少し面倒ですね。ビジネスの現場では、もはやほとんどのやりとりがメールになっています。メールには、それなりの利点があります。何と言っても文字データが残ることで、「言った」「言ってない」「聞いた」「聞いてない」といったトラブルが減ります。そういう意味では、ビジネスの現場ではメールはかなり有効です。ＬＩＮＥなどのメッセージアプリですが、あれは文書をやりとりするツールというよりも、会話をやりとりするお喋り空間ですね。

いずれにしろ、そのどちらも私が対話としてイメージしているものとは違います。対話というのは主にリアルな対面状況で行われるもので、お互いに議論を積み重ねながら、あるテーマについて考えを深め、「気づき」を生み出していくものです。その意味で、知的な喜びがあるものが対話だと思っています。

11 対話力の向上に役立つ本や芸能

バディものを参考にして対話を考える ―― 齋藤

ドラマにもなっていますが、コナン・ドイルの『シャーロック・ホームズ』シリーズは、対話について理解を深めるための格好の参考書です。ご存じのように、このシリーズではホームズとワトソンのやりとりを軸にストーリーが展開していきますが、それが対話という観点から見てとても参考になります。

基本的にはワトソンの発言をたたき台にして、ホームズがそれに反論したり、自分の意見をつけ加えたりしながら問題を解決していくという構成になっています。結果的にワトソンは自分が言ったことを否定されるのですが、対話をしながら何かを解決するという意味では、いい役割を演じています。あの二人のやりとりは、対話におけるコンビネーションを考えるうえでも大いに参考になります。

もう一つ挙げるなら、セルバンテスの『ドン・キホーテ』です。名前は知っていても、実際に読んだことがある人はそんなに多くないと思いますが、この物語も対話を盛り上げるという観点から見て、実に面白いですね。

従者のサンチョ・パンサが、主人であるドン・キホーテの幻想や妄想を言葉によって盛り上げる役割を演じています。ドン・キホーテの言うことを適度に否定したり、肯定したりしながら話を盛り上げていくのですが、古典芸とも言えるようなサンチョ・パンサの物言いが見事です。とにかく、あの二人は旅をしながらずっと話しています。

『シャーロック・ホームズ』にしろ、『ドン・キホーテ』にしろ、いわゆる「バディもの」の一種と言えます。バディとは「仲間」や「相棒」といった意味ですが、主人公が二人一組で活躍する映画やドラマが俗にバディものと呼ばれます。こうしたバディものの掛け合いには、対話について考えるためのヒントがたくさんあります。

そういう意味では、阿川さんと檀ふみさんの往復エッセイ『ああ言えばこう食う』や『ああ言えばこう行く』なども絶妙なバディものと言えると思います。知っている者同士の対話ですが、二人のことを直接知らない他人が読んでも面白くて、対話について考えるためのいい勉強になります。

対話で使いたい落語の言い回し ―――― 阿川

お褒めいただいて光栄です。

私は落語をおすすめします。落語は一人で語るものですが、一人の語り手が、熊さん、八っつぁん、ご隠居と長屋の住人、ときにはおかみさんや若い娘など、さまざまな登場人物を噺家《はなしか》一人で語り分けます。その丁々発止で物語はどんどん進んでいく。落語に出てくる言葉は、今の若い人たちにはわかりにくいものもあるかもしれませんが、あの言葉のキャッチボールや声の高低、テンポとリズム、会話と会話の間などには、学ぶべきことがたくさんあると思います。調子がいいので、つい日常生活にも取り入れたくなるものです。

父は基本的に癇癪《かんしゃく》持ちで、家にいると怒っていることが多かった。でも落語は好きで、娘の私に対しても、「下手な小説を読むくらいなら落語を聞きなさい。落語は日本語の勉強には実にいい」と常日頃から申しておりました。

これはまだ私が落語をあまり知らない年頃からウチではよくあったことなのですが、たとえば夕食時に、父が日本酒を熱かんで飲みたいと言うので、私がやかんのお湯で温めて、アツアツになった徳利を持って父のそばへ寄り、父のお猪口に注ごうとすると、

「ケツ上げろ、ケツ！　てめえのケツじゃねえんだ、徳利のケツでい！」

父は広島出身で、決して江戸っ子ではないのですが、そのときばかりは生粋の江戸っ子の八っつぁんのような口ぶりで私に発破をかけます。その調子がいいものだから、私もすぐに覚えてしまい、ときどき父のお猪口《ちょこ》に徳利を傾けながら、私自ら、「ケツ上げろ、ケツ！」の文句を口に出していうと、父はたちまち機嫌がよくなって、「いいねえ、お前」と褒めてくれたものです。

その「ケツ上げろ！」の文句が、実は古典落語の『らくだ』という話に出てくるとは、あとになって知ったこと。そうか、落語が出典だったのかと嬉しくなりました。

他にもあります。飲兵衛の亭主がべろべろに酔っ払って家に帰ってきた途端、奥さんに「おい、酒、つけろ」と命じます。

「もうだいぶ飲んできたんだから、それぐらいでやめときなよ」

「うるせえ。つけろって言ったらつけるんだよ」

「しょうがないねえ」

「おい、なんかつまみはねえのか」

「つまみ？　そんなもん、ないよ」

「昨日の茄子の漬け物、あれはどうした？」

「食べちゃったあ」

「じゃ、コンニャクのきんぴらがあっただろ？」

「それも、食べちゃったあ」

「なんでも食べるヤツだね。だいたい食べちゃったあって下品なんだよ。いただきましたとか、もう少し上品に言えないのかい。じゃ、煎餅は？」

「いただきました」

とまあ、こんな展開のやりとりを続け、終始威張っている亭主ではあるけれど、実はこんないい女房はいないと心の中で感謝していると一人秘かに呟いた、つもりが、それを奥さんに聞かれていたというオチのつく、古今亭志ん生の代表作『替わり目』のいちばんでございました。

これも我が家ではよく転用させていただきました。

「おい、なんか甘いモンはないのか？」と父が聞くと、母と私、声を揃えて、

「食べちゃったあ」

「湿気たビスケットが残ってただろう」

「あれも、食べちゃったあ」

という具合にね。


しつこくもう一つ。『寝床』という落語で、長屋の大家が、自分が習っている義太夫を披露したくて、仲間を呼びつけます。下手な義太夫なんか聞きたくないので、誰もが理由をつけて欠席を申し出る。「子どもが熱出しちゃってね」とか「仕事のやりくりができなくて」とか。とうとう一人、残されてしまいます。最後の一人は帰るわけにもいかなくなり、

「わかりましたよ。聞きゃいいんでしょ、聞きゃ。聞いたからって死ぬわけじゃあるまいし。さあ、やっとくれ。どんどんやってくれ！」

学生時代、試験期間なので一刻も早く自室に戻りたいのに父は私を引き留めて、あれをやれこれをやれと、なにかと用事を言いつける。とうとう私は観念し、父に向かって言うのです。

「わかりましたよ。やりゃいいんでしょ、やりゃ。やったからって死ぬわけじゃあるまいし。さあ、どんどんやるぞ！」

心の中では反抗的な気持があり、それを発散させているのですが、こういう言い方をしておけば、父は機嫌を悪くすることなく、「そうだそうだ」と調子を合わせてくれたものです。

落語の文句を利用して、対話の中にほどよく取り入れると、その場が和んだり笑いが起こったりして、便利ですよ。

12 対話が難しい時代の対話

しっかりした関係性を築いておく 阿川

最近、会社などで上司が無口になっていると聞きます。無愛想なわけではなく、偉そうにしているつもりでもなく、でも部下に、特に女子社員には話しかけにくいのだそうです。どうしてかと訊ねると、

「だって、何を言ってもセクハラって言われそうで、怖いんだよ」

褒めるつもりで語りかけたら、「それって、セクハラですよね！」と、いつどのタイミングで訴えられるかわかったものではないという。なるほどこれでは無口にならざるを得ないのかと納得しました。

もちろん本当に悪質なセクハラやパワハラは今でも存在しますし、そういう脅威に対抗できる時代になったのはありがたいことだと思いますが、過度に敏感になると、言葉のコミュニケーションがどんどん貧しくなっていく心配がありそうです。

この間も、私が十センチほど髪を切って（自分で切っているのですが）仕事場へ行き、「あ、ずいぶん切ったたね」とか「イメージ変わったたね」とか言われるだろうと予測していたのに、誰も声をかけてくれないのです。特に男性諸氏は。女性は皆さん、「あら、アガワさん、思い切りましたねえ」などと言ってくれるのに、男性たちは、まるで目に入っていない様子。

「やっぱり男の人って、女が髪を切っても気づかないものなんだねえ」

ちょっと嫌味を言ったら、たちまち血相を変えて一人の男性が、

「違いますよぉ。気がついているけど、言えないんですよ。髪切りましたかなんて聞いた

ら、すぐセクハラだって言うでしょ?」

「髪切った?」ぐらいでセクハラだなんて言いませんよと答えたけれど、たしかにそういうたぐいの言葉は、誰が発言するかによって受ける印象は大いに変わるだろうと思いました。

要するに、言う人と言われる人の間に、ちゃんとした信頼関係ができていれば、少々荒っぽい発言だとしても聞き流すことができるのではないかと思うのです。

ときどき「インタビューをするときに、相手が嫌がる質問はどうやってするのですか?」と聞かれることがあります。できれば相手が嫌がるとわかっている質問はしたくないのですが、コトと場合によってはどうしても避けて通れないときがあります。そういうときは、質問をする前に、できるだけ「私はあなたの敵ではありません。味方です」という意志が伝わるよう、しばらく時間をかけて関係性を構築します。しばらく対話をしていけば、「コイツは敵意を持ってやってきたわけではないな」ということを理解してもらえます。初対面であっても、最初は警戒心があっても、しだいにわかってもらえるように会話を続けます。その上で、どうしても、聞かざるを得ないとなったら、言葉を選んで質問します。た

とえば、

「写真週刊誌に載ったスキャンダルの真相をお話しください」

本当はこういうことが聞きたいのだけれど、それではあまりにも感じ悪いでしょう。そこで、「ちょっと伺いにくいのではありますが、先日の写真週刊誌の件……。撮られたときはさぞ驚かれたでしょうねえ」とか、「あの件については……、さんざん騒がれて、答えたくないでしょうが、ちょっとだけ？」とか、なるべく相手が鋭く反応しないよう気をつけながら、できれば明るく聞くことにします。

でもたいてい、事前に真摯な気持でちゃんと向き合っておけば、突然、怒って帰るなどという展開にはならないものです。そこは誠意を尽くすということが大事だと思います。

セクハラだけでなく、パワハラにしても、普段から上司と部下の関係が信頼できるものであると互いにきちんと理解し合っていれば、さほど大ごとになるとは思えないのですが、どうなのでしょう。何か一言、発言するたびに、「訴えられたら怖い」とビクビクしなければいけない社会になるのは、なんとも悲しいことだと感じます。

安易に質問することが難しい時代に

齋藤　たしかに関係性が大事ですよね。これだけハラスメントのことが問題になると、プライバシーや個人情報の問題とも絡んで、質問一つも簡単にはできない、容易に口にすることが難しい時代になったと言えるでしょう。「結婚しているの？」とか、「お子さんはいらっしゃいますか？」とか、そういったことを聞くだけで問題になりかねません。いったいどういうことなら聞いても大丈夫なのか不安になってしまいます。

その人の生活状況や容姿などに関係することではなく、好きな食べもののことや、その人がみんなに対してオープンにしている趣味のことなどなら聞いても構わないと思います。阿川さんとお話ししていると、リラックスできて、NGを気にしないで話ができます。そんな安心感があると、内容に集中して深めることができやすいです。安心して対話できる関係性を築く力が対話力のベースですね。

Ⅲ章のまとめ

■枝分かれしていく対話を本筋に引き戻す「文脈力」
■伏線を押さえながら本やドラマを見ることで「文脈力」がつく
■話すことが苦手でも笑うことで対話の場を盛り上げる
■年上や目上、大家や大御所でも気後れせず褒める
■相手を褒めるときは、エネルギーをかけたところを褒める
■知らないということを隠さず、質問役に回る
■メモの活用や図式化によって対話はさらに深まる
■オンラインでの対話は表情やしぐさで補う
■バディものや落語を対話の参考にする
■しっかりした関係性を築いておけばハラスメントは防げる

あとがき――阿川佐和子

心が躍る対話がもたらすもの

このたび、本書『対話力』をつくるため、数回にわたって齋藤先生と対話を積み重ねてまいりました。私は今まで「対話」と「会話」の違いについてほとんど考えたことがなかったので、なるほどこれが「対話」というものかと目からウロコが落ちた気持です。

齋藤先生とは過去にも何度かお会いしたことがあり、なんとなく親近感を抱いていたので、久しぶりにお会いするにあたり、

「キャー、先生、お久しぶりでーす。お元気ですかぁ」

と、手を振りながら抱きつかんばかりの勢い（心の中ですが）で対談場所に到着してみれば、齋藤先生は柔らかい笑みを浮かべつつも、実に穏やかな佇まい。そりゃそうですよね。私と一緒にはしゃぐのはおかしい。と、納得しつつおのおの席に着き、いざ対話が始まっても、そのトーンはほとんど変わることがなく、さりとて冷たい空気はまったくもっ

て流れない。この感じ、この雰囲気は何かを思い出すと頭を巡らせて、合点しました。

小学生の頃、私は担任の先生が大好きで、休み時間や給食を食べたあと、あるいは放課後など、隙あらば先生の机のそばへ行き、ぐだぐだと時間を過ごすのを好んでおりました。そんな私に先生は、

「おお、どうした？」

「ちょっとこの書類の端っこ、持ってて」

相手をしてくれるようなしてくれないような。でも無視するわけではない。あっちへ行っていなさいと追い払うこともなく、淡々とご自分の仕事に熱中なさり、ときどき私や他の友達が談笑をしているのを耳に留め、たまに茶々を入れたりなさる。面と向かってきちんと語り合わずとも、先生が私たちの存在を認めてくださっていることがよくわかり、なにより安堵したものです。

齋藤先生とお話をしていると、あの頃と似た安堵を覚えます。もちろん私は齋藤先生のそばでぐだぐだと時間を費やしたわけではなく、面と向かってきちんとお話をしたつもりですけれど、ときに私の話は思わぬ方向へすっ飛んで、余計な長話になることがありました。その間、齋藤先生は、温かい淡淡顔でかすかに首を傾けながら、黙って話を聞いてく

ださっている。そして私の話が終わったあたりを見計らうと、「それはいいですね」などと、まずは私の意見に落ち着いた、やや高めの声で同意してくださり、そこから……、そこからがお見事なのですが、まるで私の話をきっかけとしたかのように、的確かつ適正な、さらに深い考察を広げてくださるのです。プラトンとソクラテスの対話はまさにこんな具合に実り多く行き交っていたのか。ホームズとワトソンのやりとりは、もしかしてかくのごとくリズミカルであったかと感服するばかりです。いや、対話相手として私が彼らの域に至っていないことは重々わかっておりますが、でもきっとホームズもワトソンもプラトンもソクラテスも、対話のあとは世にも清々しい気持で家路についたことだろうと想像してしまいます。

齋藤先生から新たな知識や情報を得たという喜びだけではない。自分の話がときどき齋藤先生のヒントになったかしらと誇らしい気分になるからではない。ちょっとなったかもしれませんが、とにかく齋藤先生は終始、興奮するでもなく、眉間にシワを寄せることもせず、私の話に反応し、私の言葉を受け止めて、そしてご自分の番をおおらかに待っていらっしゃる。続いて運ばれる齋藤先生の言葉の数々を身体全体で受け止めたくて、今度は私がおのずと耳を傾けたくなるのです。

このたびの先生との対話がどんな具合に読者の皆様の心を刺激することになるか。面白かった、役に立った、参考にしようと思った、なぐさめられた、大して参考にならなかった……。さまざまな意見が返ってくると思われますが、少なくとも齋藤先生と対話を実践した私の感想を申し上げるのなら、

「楽しかったあ！」

というものが、もっとも近い気持かと実感しております。

人は将来の利となるものを対話に望むのかもしれません。いかに生きるか、いかにこの困難を乗り越えるか、どうしたらこの不安をぬぐえるか、あるいはどうやってもっと上手に世を渡ることができるか。さまざまな思惑を抱きつつ、誰かと話をする。そしてその対話の中から貴重な知恵を見出すことができたら、達成感に包まれることでしょう。

しかし私は、もちろんそんな下心も大事な要素ではあるでしょうが、何を得たいと望む以前に、その対話自体に心を躍らせて、頭の回転が促進され、そして語り合う相手に対して以前よりさらに敬意の念を持てるようになったとき、生きている喜びは生まれるものではないかと思うのです。

読者の皆様にはどういう感想を持っていただいてもかまいません。ただ、本書を読んだ

あと、「明日はこういう対話を、アイツとしてみようかな」とちらりとでも思ってくださされば、それだけで私は満足です。

私にとっては、この本をつくるにあたり、齋藤先生の対話相手に選んでいただいたことだけで、こんな名誉なことはありませんでした。

出版にあたり、二人の対話のそばでずっと楽しそうに耳を傾けてくださったSBクリエイティブ学芸書籍編集部の齋藤舞夕さん、大湊一昭さんに、改めてお礼を申し上げます。

著者略歴

阿川佐和子

1953年、東京都生まれ。慶應義塾大学文学部西洋史学科卒。エッセイスト、作家。99年、檀ふみとの往復エッセイ『ああ言えばこう食う』で講談社エッセイ賞、2000年、『ウメ子』で坪田譲治文学賞、08年、『婚約のあとで』で島清恋愛文学賞を受賞。12年、『聞く力――心をひらく35のヒント』が年間ベストセラー第1位、ミリオンセラーとなった。14年、菊池寛賞を受賞。著書に『ことことこーこ』（角川文庫）、『看る力――アガワ流介護入門』（共著）（文春新書）、『トゲトゲの気持』『空耳アワワ』（以上、中公文庫）、『ブータン、世界でいちばん幸せな女の子』（文藝春秋）など。

齋藤 孝

1960年、静岡県生まれ。明治大学文学部教授。東京大学法学部卒業後、同大学院教育学研究科博士課程等を経て、現職。専門は教育学、身体論、コミュニケーション論。『身体感覚を取り戻す』（NHK出版）で新潮学芸賞。日本語ブームをつくった『声に出して読みたい日本語』（草思社）で毎日出版文化賞特別賞。ほかの著書に、『大人の語彙力ノート』『読書する人だけがたどり着ける場所』『書ける人だけが手にするもの』『20歳の自分に伝えたい 知的生活のすゝめ』（以上、小社刊）など多数。NHK Eテレ「にほんごであそぼ」総合指導。

SB新書　604

対《たい》話《わ》力《りょく》

人生《じんせい》を変《か》える聞《き》き方《かた》・話《はな》し方《かた》

2023年 1月15日　初版第1刷発行

著　者　阿《あ》川《がわ》佐《さ》和《わ》子《こ》・齋藤《さいとう》 孝《たかし》

発行者　小川 淳

発行所　SBクリエイティブ株式会社
〒106-0032　東京都港区六本木2-4-5
電話：03-5549-1201（営業部）

装　幀　杉山健太郎

本文デザイン D T P　株式会社ローヤル企画

編集協力　大湊一昭

編　集　齋藤舞夕

印刷·製本　大日本印刷株式会社

本書をお読みになったご意見・ご感想を下記URL、
または左記QRコードよりお寄せください。

https://isbn2.sbcr.jp/17257/

落丁本、乱丁本は小社営業部にてお取り替えいたします。定価はカバーに記載されております。本書の内容に関するご質問等は、小社学芸書籍編集部まで必ず書面にてご連絡いただきますようお願いいたします。

ISBN 978-4-8156-1725-7